LE DROIT DE L'ESPACE ET LA PRIVATISATION DES ACTIVITES SPATIALES

SOCIETE FRANÇAISE POUR LE DROIT INTERNATIONAL

JOURNEES D'ETUDES

LE DROIT DE L'ESPACE ET LA PRIVATISATION DES ACTIVITES SPATIALES

Sous la direction d'Armel Kerrest

avec le concours de
l'Institut de Droit des Espaces Internationaux et des Télécommunications
de l'Université de Bretagne Occidentale

PARIS
EDITIONS A. PEDONE
13, RUE SOUFFLOT
2003

I.S.B.N. 2-233-00422-1

Avant Propos

L'Université de Bretagne Occidentale a toujours été tournée vers la mer. Lors de son passage en son sein, le Professeur Jean Pierre Queneudec a grandement contribué à affirmer l'orientation de la Faculté de Droit vers le grand large.

Depuis la IIIème Conférence des Nations Unies sur le droit de la mer, les avancées ont été considérables ce qui a conduit certains chercheurs du "Centre de Droit et d'Économie de la mer" à lever un peu la tête et à s'orienter vers l'étude d'un autre "grand large" : l'espace extra-atmosphérique.

Ces deux espaces sont juridiquement très proches, tous deux présentent la redoutable particularité d'être "en dehors de la juridiction territoriale des États". Notre "village planétaire" n'a qu'un droit peu organisé, peu efficace, il faudra qu'il évolue pour répondre aux besoins du siècle qui s'ouvre. Le droit de la mer depuis longtemps, le droit de l'espace plus récemment sont les laboratoires de ce droit nouveau qui ne vise plus essentiellement à régler les rapports entre les États souverains, mais à gérer ensemble des biens communs et même toute une société de plus en plus globale, de plus en plus "humaine".

C'est la raison pour laquelle la Faculté de droit de Bretagne Occidentale a proposé à la Société Française pour le Droit International de tenir ses journées d'études de 2002 sur le droit de l'espace. Le thème de discussion lui-même s'est imposé en quelque sorte logiquement tant il est clair que le problème actuel du droit de l'espace découle de l'évolution des activités spatiales vers la privatisation. Ce changement des acteurs est fondamental. Les activités militaires et stratégiques, les activités scientifiques restent présentes, mais elles laissent de plus en plus la place à des activités commerciales souvent privées dont les motivations sont très différentes. Cette modification pose de nombreux problèmes qui ont été envisagés par les différents intervenants. Le problème du contrôle des États sur ces activités est naturellement essentiel, il doit garantir le principe fixé dans l'article premier du traité fondateur de 1967 : *"L'exploration et l'utilisation de l'espace extra-atmosphérique, y compris la lune et les autres corps célestes, doivent se faire pour le bien et dans l'intérêt de tous les pays, quel que soit le stade de leur développement économique ou scientifique ; elles sont l'apanage de l'humanité tout entière."*.

Que soient ici remerciés le président Gilbert Guillaume président de la Cour Internationale de Justice qui, dès le départ, a soutenu cette initiative, le professeur Vladimir Kopal, président du sous-comité juridique du COPUOS qui a bien voulu nous apporter sa grande compétence et son immense expérience, tous les intervenants, le professeur Lucien Rapp, messieurs Raymond Phan Van Phi, David Sagar, André Farand, Marco Ferrazzani et Philippe Achilleas. Que soit aussi remercié à plus d'un titre le professeur Jean Pierre Queneudec tant comme président de la SFDI que pour les éclairantes conclusions qu'il a bien voulu présenter pour clore nos travaux.

L'organisation de ces journées ne fut possible que grâce à un important soutien des collectivités locales, la région de Bretagne, le département du Finistère, la ville et la communauté urbaine de Brest et d'organismes comme le Centre National d'Études spatiales et l'Agence Spatiale Européenne, les sociétés Thales et Arianespace ; l'Université de Bretagne Occidentale et la Faculté de droit.

Armel Kerrest

D'UN DROIT INTER-ETATIQUE ISSU DE LA GUERRE FROIDE A L'ENCADREMENT DES ACTIVITES PRIVEES

par

Armel KERREST

Professeur à Université de Bretagne Occidentale
Président de l'Association pour le Développement du Droit de l'Espace en France

Les activités spatiales étaient au départ des activités étatiques. Il s'agissait d'activités de recherche et d'exploration fortement soutenues par des préoccupations de prestige national dans le cadre de la guerre froide. Il s'agissait aussi, un peu plus discrètement, d'activités militaires qui furent et restent considérables même si elles sont censées être "pacifiques" c'est à dire au minimum non agressives.

Devant les coûts croissants, certaines activités se sont orientées vers la satisfaction de besoins plus civils. L'espoir d'une véritable rentabilisation était aléatoire, ces activités restaient presque exclusivement étatiques même si le cadre juridique qui leur était donné était un cadre commercial et privé. [1]

Depuis quelques années, la situation évolue. Des activités véritablement commerciales et privées, fondées sur une possible rentabilité ont été mises en place. Elles interviennent dans le domaine de la télévision, des télécommunications et même plus récemment du lancement de satellites.

Dans le secteur de la télévision et des télécommunications les intérêts privés sont devenus tellement importants qu'on procède actuellement à la privatisation des organisations internationales intergouvernementales qui avaient été créées pour mettre en place une sorte de service public international.

La télédétection, d'abord militaire se "civilise" et se privatise. Depuis quelques années, les programmes publics ont tenté avec plus ou moins de succès de s'associer des intérêts privés et leurs ressources financières. Plus

---

[1] C'est le cas par exemple des sociétés Arianespace ou Spot-image

récemment, des sociétés privées sont entrées sur le marché de l'imagerie par satellite.

L'activité de lancement, elle-même, a tenté plusieurs acteurs privés. Certains ont envisagé de relever le défi de la fabrication de lanceurs réutilisables. Pour l'instant, du fait des difficultés techniques considérables, ces tentatives sont restées sans succès. Plus modestement, des entreprises privées utilisent avec succès les excellentes fusées conçues par l'ancienne URSS et actuellement fabriquées à des prix très intéressants par la Russie et l'Ukraine. Le projet Sea Launch qui consiste à utiliser la fusée ukraino-russe Zenith et à la lancer depuis une plate forme en haute mer a su surmonter les difficultés et devenir un acteur important dans ce secteur.

Même dans le cas de projets étatiques, les difficultés financières rencontrées ont conduit à tenter de privatiser certaines activités ou installations au départ purement étatiques. On a pu le voir avec la coopération entre la société privée de droit néerlandais EUROMIR avec la Russie pour le maintien en service de la station MIR. On peut le voir actuellement avec les diverses tentatives d'utilisation commerciale de la station spatiale internationale parmi lesquelles on peut citer l'exemple controversé de l'envoi de touristes.

Même les activités vers la lune dont les États se sont éloignés intéressent actuellement des entreprises privées puisque la société "Transorbital" a demandé et, semble-t-il, obtenu du gouvernement américain l'autorisation d'envoyer un engin autour de la lune pour y faire des photos et pour y déposer des messages ou même les cendres funéraires de quelques riches clients.

Sur le plan juridique, cette évolution modifie d'abord les problèmes posés. Il ne s'agit plus essentiellement de considérer la souveraineté ou la non-souveraineté des États, de garantir leur liberté d'action ou le principe de non-appropriation, de limiter les activités militaires, ces points ont été essentiels pendant la période précédente. Il s'agit maintenant de savoir comment les activités privées vont pouvoir être réglementées et contrôlées dans un espace non soumis à la compétence territoriale d'un État.[2] Nous connaissons déjà le problème pour la haute mer, mais dans l'espace extra-atmosphérique nous avons un corpus de règles tout à fait particulier et très différent sur ce point. L'augmentation importante des activités privées pose des problèmes considérables qui pourraient aller jusqu'à une remise en cause complète des fondements même du droit actuel. C'est la raison pour laquelle nous avons souhaité orienter ces journées d'études de la SFDI dans ce sens.

---

[2] Les revendications plus ou moins fantaisistes de la propriété de la lune ou des autres corps célestes sont actuellement considérées par les Etats concernés comme folkloriques, la question n'est pas en discussion devant le COPUOS. Il est clair pour tous qu'aucune revendication par qui que ce soit n'est valable. En tout état de cause il serait bon que les Etats concernés mettent un terme aux escroqueries actuelles. De manière plus générale et à plus long terme, il est possible que la pression des "lobbies" américains qui revendiquent l'établissement de droit de propriété sur la lune conduise à des problèmes. Il est clair que si l'exploitation des ressources de la lune devenait économiquement rentable, ce qui ne semble pas le cas dans un délais prévisible, il faudrait établir un régime international sur le modèle de l'Autorité des fonds marins.

Par nature, le droit de l'espace originel appartient au droit international public. Il réglemente une activité étatique. Ce caractère va très loin puisque dès le départ, toutes les activités conduites dans l'espace sont assimilées à des activités conduites par les Etats. Le passage d'une activité étatique à des activités privées avec tout ce que cela sous-entend en ce qui concerne les motivations de chacun constitue dans notre domaine une véritable révolution qui risque de mettre en cause l'ensemble du système juridique institué dans les années soixante.

L'enjeu est important. Le droit issu du traité fondateur de 1967 pose en effet des difficultés aux activités privées. Ces règles et les contrôles qu'elles impliquent risquent d'être considérées par certains comme inacceptables surtout dans une ambiance générale de mise en cause des contrôles étatiques. Le défi doit pourtant être relevé, il faut permettre voire favoriser les activités privées, mais il ne faut pas en profiter pour mettre à mal les règles très favorables qui avaient été acceptées dès 1963 dans la résolution de l'Assemblée générale, confirmées en 1967 dans le traité sur l'espace et précisées par la convention de 1972 sur la responsabilité. Les pressions sont fortes vers une "normalisation" par le bas des règles jusqu'à présent acceptées. Les conséquences en seraient désastreuses. Plus encore que la haute mer, l'espace extra-atmosphérique est peu hospitalier. Les dangers de pollution y sont considérables, les possibilités d'action réparatrices presque nulles.

De façon très classique sera examinée dans une première partie la prise en compte des activités privées par le droit spatial, la seconde partie portera sur la remise en cause dont le système actuel est l'objet.

I
LE DROIT DE L'ESPACE CONFIE AUX ETATS LA RESPONSABILITE DES ACTIVITES SPATIALES.

Que les activités spatiales soient conduites par les États ou par des "entités non gouvernementales" selon la formule utilisée dès 1963, les États en sont responsables. De bien des points de vue, le droit de l'espace met ainsi en place des mécanismes exemplaires, même si la privatisation actuelle fait apparaître des insuffisances et des situations anormalement complexes.

A) Des mécanismes exemplaires

Comme dans certains cas le droit de la mer,[3] le droit de l'espace utilise de façon intéressante la distinction faite en Anglais entre les deux significations du terme de "responsabilité". Il distingue entre la "responsibility" et la

[3] On peut voir un exemple de cette utilisation à l'article 139. "*Responsibility*" y est traduit par "*obligation de veiller à*" et "*liability*" par "*responsabilité*" . Au contraire l'article 235 qui en Anglais porte "*responsibility and liability*" est traduit en français par "*responsabilité*"

"liability". Pour la plupart des juristes anglo-saxons cette distinction est peu nette. Pour les héritiers de Descartes en revanche et paradoxalement, elle peut présenter un certain intérêt. Quand Antoine de Saint Exupéry explique au petit prince qu'il est responsable de sa rose, il ne veut pas dire qu'il aura à indemniser les éventuelles victimes de ses épines, il veut dire qu'il devra s'occuper d'elle. C'est là l'objectif de la "responsibility" qui est envisagée à l'article VI du traité de 1967. La question des éventuels dommages causés, la "liability" est traitée par l'article VII du même texte et par la convention de 1972.

1) La responsabilité des Etats pour les activités nationales conduites dans l'espace extra-atmosphérique

Du fait de son originalité, ce principe constitue un beau sujet d'étude pour notre Société Française pour le Droit International. Examinons précisément le texte de l'article VI [4]. Le principe est posé de prime abord : *Les Etats ... ont la responsabilité internationale des activités nationales dans l'espace extra-atmosphérique,*[5] (are internationaly responsible). Jusqu'ici l'originalité n'est pas aveuglante, la notion d'activité nationale est un peu floue. Elle est pourtant essentielle. Inclut-elle les activités privées ? La règle en droit international est que les États ne sont pas responsables des personnes privées qui possèdent leur nationalité. Ils peuvent naturellement être responsables du mauvais contrôle éventuellement exercé sur ces activités, mais c'est une autre question, dans ce cas ils ne sont responsables que de leur propre action ou inaction.

L'article VI du traité de 1967 et le système qu'il met en place constitue une exception. Après avoir posé le principe *: "Les Etats ont la responsabilité internationale... des activités nationales ...* il précise clairement : *"qu'elles soient entreprises par des organismes gouvernementaux ou par des entités non gouvernementales".* La formule est très vaste, la définition par la négative permet d'englober tout l'ensemble, sans que telle ou telle activité puisse y échapper. Cette disposition essentielle fut le résultat d'un compromis entre les USA et l'URSS co-auteurs du projet de traité. Comme on peut s'y attendre, les USA souhaitaient que les activités privées fussent possibles dans

---

[4] Traité de 1967 Article VI :
Les États parties au Traité ont la responsabilité internationale des activités nationales dans l'espace extra-atmosphérique, y compris la lune et les autres corps célestes qu'elles soient entreprises par des organismes gouvernementaux ou par des entités non gouvernementales, et de veiller à ce que les activités nationales soient poursuivies conformément aux dispositions énoncées dans le présent Traité. Les activités des entités non gouvernementales dans l'espace extra-atmosphérique, y compris la lune et les autres corps célestes, doivent faire l'objet d'une autorisation et d'une surveillance continue de la part de l'État approprié partie au Traité. En cas d'activités poursuivies par une organisation internationale dans l'espace extra-atmosphérique, y compris la lune et les autres corps célestes, la responsabilité du respect des dispositions du présent Traité incombera à cette organisation internationale et aux Etats parties au Traité qui font partie de ladite organisation.

[5] States Parties to the Treaty shall bear international responsibility for national activities in outer space ...

l'espace, les Soviétiques y étaient très réticents. La solution fut l'assimilation des activités gouvernementales et des activités privées au sein des " activités nationales " sous le contrôle et la responsabilité étatique. La suite de la disposition enfonce le clou : les activités des *" entités non gouvernementales doivent faire l'objet d'une autorisation et d'une surveillance continue ".*

Malgré son originalité pour les juristes et son importance pratique, cette " responsabilité " semble moins remise en cause que l'autre, la " liability " de l'article VII.

2) La responsabilité en cas de dommage.

En contrepartie de la liberté d'utilisation de l'espace extra-atmosphérique qui a été reconnue dès 1963 par les Etats non spatiaux aux Etats capables de l'utiliser, l'article VII du traité de 1967 et la convention de 1972 établissent un régime de responsabilité en cas de dommage assez exemplaire que nous aimerions voir appliquer pour les dommages susceptibles d'être causés par d'autres activités potentiellement dangereuses.

Il s'agit d'une responsabilité étatique qui repose sur *"l'État de lancement"* défini largement par quatre critères alternatifs : *"l'État qui lance, l'État qui fait lancer, l'État dont le territoire est utilisé, l'État dont les installations sont utilisées".* Le texte de 1972 distingue ensuite en fonction de la victime. S'il s'agit d'une victime "innocente" d'une victime étrangère à cette belle aventure dangereuse qu'est l'aventure spatiale et donc si le dommage a été causé au sol, la responsabilité est objective. Le texte indique même en français comme en anglais qu'elle est *"absolue"* indiquant par-là une exclusion quasi totale de toute possibilité d'exonération.[6] La responsabilité ainsi décrite est non plafonnée, les spécialistes de droit de la mer apprécieront. En cas de pluralité d'États de lancement ce qui devient de plus en plus fréquent, tous sont solidairement responsables. Enfin cette responsabilité n'est pas exclusive, il est possible d'engager la responsabilité de l'Etat ou de l'opérateur fautif sur la base du droit commun.

Si le dommage a lieu dans l'espace, si donc il concerne l'un des participants à l'aventure, la responsabilité change de nature, c'est une responsabilité pour faute. La victime a moins besoin de protection.[7]

---

[6] Ni la force majeure, ni la faute d'un tiers même si elle est volontaire ne sont exonératoires. Seule pourrait l'être la faute lourde ou intentionnelle de la victime. Et encore cette exonération n'est elle pas possible si l'activité spatiale n'était pas conforme au droit international. (article VI de la convention de 1972)

[7] Il s'agit d'une des faiblesses les plus notables de la convention de 1972 sur la responsabilité. Elle traite en un seul mécanisme la responsabilité objective pour dommage sur terre et la responsabilité pour faute pour les dommages dans l'espace. La nature profondément différente des deux solutions aurait du conduire à deux systèmes différents. La responsabilité pour faute ne peut pas être imputée exclusivement à l'État de lancement, elle doit être liée à la faute quel qu'en soit l'auteur. Dans le cas présent si la faute n'est pas imputable à l'un des États de lancement mais à un autre Etat, il ne peut pas être poursuivi sur la base de la convention de 1972.

Un mécanisme de règlement des différents sous la forme d'une "Commission de règlement des demandes" vient partiellement compenser les lourdeurs inhérentes au caractère inter-étatique de la procédure.

Ici aussi, que l'activité soit publique ou privée, c'est l'Etat qui est responsable. Les activités privées sont ainsi largement prises en compte par le droit de l'espace. Compte tenu des obligations qu'il fait peser sur les Etats, on peut craindre néanmoins une remise en cause de ce système si les activités privées deviennent plus courantes.

La présentation nécessairement assez rapide qui vient d'être faite ne doit pas cacher certaines difficultés qui découlent du fait que le mécanisme mis en place dans son principe dès 1963 ne prenait que très peu en compte les activités privées.

B) La privatisation fait apparaître certaines insuffisances.

Le système de responsabilité et de contrôle n'est pas toujours homogène.

Comme nous l'avons vu, L'article VI fait référence aux "activités nationales conduites dans l'espace", l'article VII utilise une notion différente : celle d'Etat de lancement déterminé par les quatre critères.

Tant que les activités spatiales étaient conduites par un Etat pour lui-même le problème ne se posait pas, tous ces liens et critères désignaient le même Etat. Actuellement, nombreux sont les lancements qui sont opérés au profit d'un Etat autre que celui qui "lance". Le plus souvent tous ces États font partie du groupe des Etats de lancement responsables (liable) en vertu des quatre critères, en particulier parce que l'État des "activités nationales" est normalement l'État qui "fait lancer" au sens de l'article VII. Néanmoins, dans certains cas qui risquent de devenir plus fréquents, les deux critères peuvent différer.

Les deux critères, celui de "l'activité nationale" d'une part, et celui de "l'Etat qui fait lancer" de l'autre ne s'appliquent pas de la même manière dans le temps. Les critères de l'État de lancement concernent l'activité spatiale au moment du lancement, ils se situent dans le passé à un moment déterminé et restent inchangés. Au contraire la notion d'activité nationale s'applique dans le présent et est donc susceptible d'évoluer pour suivre le lien de rattachement de cette activité au cours de son évolution. En pratique, on risque donc de se retrouver avec un Etat de lancement qui sera responsable (liable) d'éventuels dommages qui seront causés par un objet spatial conduisant une "activité nationale" d'un autre Etat.

La difficulté provient essentiellement de ce que les satellites peuvent faire l'objet de changement de propriétaire ou d'opérateur pendant leur vie en orbite. Le projet Unidroit de *Protocole portant sur les questions spécifiques aux biens spatiaux à la Convention relative aux garanties internationales portant sur des matériels d'équipement mobiles* est de ce point de vue significatif des difficultés qui peuvent découler en ce qui concerne la responsabilité de l'Etat de lancement du fait d'un transfert de la propriété d'un satellite en orbite.

Le système est parfois inutilement rigide.

Assez naturellement, la convention sur l'immatriculation prévoit que c'est l'Etat de lancement qui immatriculera l'objet spatial. Ceci est tout à fait normal, compte tenu du but fondamental de cette convention qui est de faire connaître l'Etat de lancement responsable à d'éventuelles victimes. Le problème découle ici aussi du fait que la qualité "d'Etat de lancement" est déterminée une fois pour toutes au moment du lancement et qu'elle ne peut pas tenir compte de l'évolution de l'activité du satellite. Or l'immatriculation a une autre conséquence qui est prévue par l'article VIII du traité de 1967 : l'État d'immatriculation *"conservera sous sa juridiction et son contrôle ledit objet et tout le personnel dudit objet"*. Le risque est ici encore qu'un Etat qui n'a plus de rapport avec l'activité du satellite reste l'Etat d'immatriculation responsable et conserve ce satellite sous sa juridiction et son contrôle.

Le système devient parfois complexe.

L'évolution technique et économique conduit à accentuer cette complexité : la multiplication des États de lancements est la conséquence de ces évolutions. Les coopérations internationales conduisent plusieurs Etats à lancer un même satellite, l'évolution technique permet le lancement lors du même vol de plusieurs satellites de tailles parfois très différentes. L'intervention de sociétés privées, consortiums au statut juridique parfois complexe, au contrôle difficilement vérifiable et peu stable ne simplifie par la situation.

Ces difficultés sont actuellement fortement mises en lumière, elles servent d'arguments à de nombreux acteurs spatiaux pour tenter une remise en cause de ces règles essentielles du droit de l'espace.

II

LA REMISE EN CAUSE DE LA RESPONSABILITE ETATIQUE

Le système exceptionnel qui permet d'encadrer et de contrôler les activités spatiales privées est actuellement remis en cause de tous côtés, il est pourtant possible de prendre en compte ces critiques et de proposer les mesures d'application nécessaires.

A) Une remise en cause qui trouve de nombreux soutiens

C'est surtout la responsabilité pour dommage qui est critiquée Les techniques utilisées pour la mettre en cause sont variées. La première consiste à interpréter restrictivement les dispositions des traités. On a pu voir certaines délégations d'Etats pourtant parties aux traités avoir des interprétations tout à fait contraires aux textes et très restrictives. Ce fut le cas lors de la dernière réunion du sous-comité juridique du COPUOS au sein du groupe de travail sur la définition de l'Etat de lancement.[8] Pour ne prendre que quelques exemples particulièrement significatifs mais non exhaustifs : La Chine présenta le système en distinguant les activités de lancement stricto sensu des activités postérieures, acceptant d'être responsable pour les premières mais pas pour les autres, ce qui est tout à fait contraire aux textes. Le Brésil estima que le fait de prêter son territoire ne devait pas conduire à le considérer comme un État de lancement responsable ou au moins qu'il devrait être "moins responsable". La Belgique envisagea de soutenir une distinction entre les articles VI et VII en affirmant que si les Etats étaient internationalement responsables des activités des entités non gouvernementales en application de l'article VI, (responsabilité - obligation de contrôle) ils ne l'étaient pas sur la base de l'article VII (responsabilité pour dommage) et sur la base de la convention de 1972. Cette interprétation qui met en péril l'ensemble du système, est tout à fait contraire au texte pris dans son entier, à la pratique des Etats depuis le début[9] et à l'interprétation toujours faite par la doctrine.

Lors de la dernière réunion du colloque de l'Institut International de Droit de l'espace de la Fédération Internationale d'Astronautique, le conseiller juridique de la NASA a expliqué que la définition de l'Etat de lancement par la convention sur l'immatriculation de 1975 pouvait être différente de celle fixée par la convention sur la responsabilité de 1972. Alors que les textes sont exactement identiques et que la convention de 1975 a été établie principalement pour permettre l'application de la convention de 1972 à laquelle naturellement elle fait référence dans son préambule.

Enfin nous assistons à une démarche moins directe mais assez dangereuse : elle consiste à vouloir remettre en discussion l'ensemble du système dans une démarche "holistique". C'est la position actuellement soutenue par la fédération de Russie. A priori cette idée présente toutes sortes d'avantages. En dehors de celui de permettre de nombreuses réunions dans des endroits agréables, il pourrait apparaître intéressant de modifier certaines dispositions du droit applicable pour les harmoniser, les rendre plus efficaces, les adapter aux nécessités nouvelles, effacer certaines imperfections apparues avec le temps. L'idée est bonne mais sa réalisation serait catastrophique. Il est impensable que des dispositions aussi protectrices que celles qui s'appliquent actuellement puissent être maintenues dans de telles conditions. Le travail du COPUOS est soumis à l'obligation du consensus, il se heurte à la réticence de certains Etats devant les procédures internationales. Une pareille solution constituerait une mise en cause immédiate de tout le système. En particulier de la responsabilité objective des Etats de lancement en cas de dommage causé au sol.

---

[8] Rapport du Sous-Comité juridique sur les travaux de sa quarante et unième session, tenue à Vienne du 2 au 12 avril 2002 A/AC.105/787 www.oosa.unvienna.org/Reports/AC105_787F.pdf

[9] Comme le montre l'interprétation qui est faite par toutes les lois spatiales actuellement édictées. Toutes exigent une licence pour les activités nationales même quand elles sont conduites sur le territoire d'un autre Etat.

L'argument principalement utilisé par ces remises en cause du système est que l'imputation de la responsabilité à certains Etats de lancement serait "injuste". Le fait de faire porter la responsabilité (liability) sur un Etat assez peu concerné ou peu bénéficiaire de l'activité serait injuste. On oublie que la responsabilité mise en place vise essentiellement à protéger la victime.

En fait, le problème n'est pas de savoir s'il est juste ou injuste que l'Etat soit responsable pour telle ou telle activité spatiale. Il s'agit là d'une vision qui réintégrerait la faute ou au moins un examen du comportement de l'Etat. Compte tenu du fait qu'il s'agit d'une responsabilité objective la remarque d'un caractère "juste" ou "injuste" de cette responsabilité n'est pas actuellement pertinente. Le point est que le droit positif prévoit cette responsabilité afin d'assurer la protection des victimes qui ne participent pas à l'activité dangereuse et ne bénéficient pas de ses avantages.

On peut en effet estimer "injuste" que le Brésil porte une responsabilité du fait d'activités conduites par des sociétés américaines ou européennes à partir de son sol. On peut estimer "injuste" que la Chine qui a lancé un satellite reste indéfiniment responsable des dommages qu'il pourrait causer quelques dizaines voire quelques centaines d'années après ce lancement et alors même que la Chine ne peut véritablement exercer un contrôle sur ces activités.

En réalité il faut distinguer entre la responsabilité de l'Etat de lancement et le point de savoir qui va en fin de compte supporter la charge du risque, qui va payer en fait l'indemnisation due à la victime. C'est une autre question qui doit être réglé par les Etats de lancement entre eux mais ne doit pas porter atteinte aux droits de la victime.

La responsabilité –obligation de contrôle- n'est pas épargnée.

La notion d'« activité nationale » n'est pas toujours clairement prise en compte. Les Etats, même les plus compétents sont assez souvent peu conscients des obligations pourtant claires qui sont à leur charge. Le cas du projet Sea-Launch est tout à fait caractéristique. Ce projet consistait à lancer des fusées de fabrication ukrainienne et russe depuis une plate forme en haute mer. La société créée pour ce faire la "Sea Launch company" avait été établie sous le droit des îles Caïmans. Solution certainement excellente d'un point de vue fiscal mais beaucoup plus discutable du point de vue du droit de l'espace puisque ces îles ensoleillées par bien des cotés sont des colonies de la couronne britannique. La Grande Bretagne était donc, peut être sans vraiment le savoir, Etat responsable au sens des articles VI et VII du traité. Quelques années plus tard, la nationalité de la société fut transportée aux Etats Unis, la Grande Bretagne n'étant pas vraiment désireuse de porter la responsabilité de tous les lancements effectués depuis cette plate-forme.

Dans le cas d'Eurasiasat, la société mise en place est monégasque, il n'est pas certain que la Principauté soit consciente du fait qu'elle est également responsable de ces activités et des dommages qu'elles pourraient causer.

Dans le cas d'Euromir, société de droit néerlandais, les Pays Bas sont l'Etat responsable sur la base de l'article VI (activité nationale) si des activités sont conduites dans l'espace, ils sont responsables (liable) sur la base de l'article VII si cette société "fait lancer" un objet spatial, par exemple un vaisseau à destination de la station Mir. Ici aussi il n'est pas certain que le gouvernement des Pays Bas soit véritablement conscient du problème. En outre, faute d'une loi nationale, il serait sans doute difficile pour lui de contrôler l'activité de cette société.

Toutes ces remises en cause du droit existant apparaissent comme extrêmement dangereuses. Compte tenu de l'évolution actuelle de la société internationale, il serait pratiquement impossible de pouvoir remettre en place un système d'une efficacité identique ou même proche de celui qui existe actuellement et qui découle des besoins de sécurité juridique des Etats spatiaux pendant les années soixante et soixante-dix. Le blocage des travaux du COPUOS, la vision actuelle à court terme de la plupart des Etats conduirait à un refus de la responsabilité du fait des activités spatiales.

Nous nous retrouverions dans la situation peu enviable qui existe en mer où les Etats sont incapables de mettre en place et encore plus de faire respecter des règles pourtant élémentaires de sécurité et de responsabilité. Remarquons d'ailleurs sur ce point que la situation dans l'espace est encore plus sensible qu'elle ne l'est en mer. La plupart des activités en mer sont reliées à la terre. La navigation consiste à aller d'un port à l'autre, au plan juridique à relier les territoires de deux Etats souverains. Même si, pendant le trajet, seul l'Etat du pavillon est compétent, au départ et à l'arrivée un État du territoire peut exercer son contrôle. On sait que c'est par ce moyen que les États Unis ou plus difficilement les Etats européens essayent de contrôler les activités en mer de sociétés peu scrupuleuses qui profitent des pavillons de complaisance. Dans l'espace, la situation est tout à fait différente. Une fois que le satellite est lancé, il est définitivement, au moins jusqu'à sa chute, en dehors de la juridiction territoriale de quelque État que ce soit. Des mesures comme le MOU de Paris ou la loi américaine en matière de pollution maritime ne sont pas utilisables. Seule la compétence personnelle des Etats trouvera à s'appliquer, il faut absolument qu'elle puisse et qu'elle doive l'être. Le droit existant le permet à condition qu'il ne soit pas remis en cause. C'est possible.

B) Cette évolution n'est pas inéluctable.

Malgré les lourdeurs indiquées, le mécanisme mis en place en droit de l'espace peut permettre une activité privée efficace mais responsable, il faut pour cela une meilleure connaissance du droit positif et la mise en place de mesures d'application. Elles sont de deux types : il s'agit des lois spatiales nationales et des accords de diverses natures qui doivent être passés entre les Etats responsables dès lors qu'ils participent conjointement à une activité spatiale.

1) Les lois spatiales nationales

L'édiction de lois nationales est nécessaire, elle permet en outre de résoudre bien des problèmes posés par les activités spatiales privées.

L'article VI prévoit l'obligation pour les Etats de : "*veiller à ce que les activités nationales soient poursuivies conformément aux dispositions énoncées dans le présent Traité*". Quand il s'agit d'activités non gouvernementales ils doivent en outre les autoriser et les surveiller continûment. Ces obligations impliquent dans les Etats libéraux l'édiction d'une loi nationale permettant de réglementer les activités spatiales conduites par les nationaux. Cette réglementation doit s'appliquer à toutes les "activités nationales" où qu'elles soient conduites, c'est à dire en pratique aussi bien dans les espaces internationaux (haute mer et espace) que depuis le territoire d'un autre Etat. Les lois nationales actuellement en vigueur s'appliquent toutes très largement de cette manière.

Les lois nationales sont également indispensables pour organiser la responsabilité de l'Etat de lancement. Le fait qu'une activité conduite par une entreprise conduise l'État dont elle est le national à devenir de ce fait "État qui fait lancer" et donc Etat de lancement responsable rend très utile, et en pratique indispensable, des dispositions législatives permettant de s'assurer que les activités conduites le sont de la façon la plus sérieuse possible. Grâce à l'obligation de licence qui est le point central de ces législations, les Etats sont capables de contrôler toutes les activités spatiales nationales, ils examinent les éléments techniques de ces missions, en considèrent les risques.

Les lois nationales permettent aux Etats de s'assurer de la solvabilité des entreprises qui risquent de mettre en cause leur responsabilité d'Etat de lancement. Ils prévoient soit des garanties financières soit des assurances.

Le contrôle du transfert de licence permet de s'assurer que le satellite ne sera pas vendu ou cédé à une entreprise nationale ou étrangère qui ne présenterait pas les qualités requises sur le plan financier et technique.

Les lois nationales peuvent également avoir comme objectif de favoriser les activités spatiales privées jugées utiles. Grâce à l'établissement au profit de certains projets d'un plafond de responsabilité qui n'existe pas en application de la convention sur la responsabilité, les Etats peuvent accepter de porter une part du risque. Ils permettent aux entreprises de s'assurer tout en ne mettant pas en cause les droits de la victime qui restent entiers. Dans les lois américaines et australiennes qui sont les plus élaborées, il est établi un coût maximum probable (Maximum Probable Lost) pour chaque activité. L'entreprise qui conduit cette activité doit s'assurer pour ce montant, l'Etat prend en charge l'indemnisation de la victime pour la partie qui le dépasserait.

Grâce à ces lois, la responsabilité des Etats du fait des activités d'entreprises privées se trouve en fait modifiée. Contrairement à ce que quelques critiques affirment, cette responsabilité devient ainsi subsidiaire. En principe, c'est bien l'opérateur privé qui indemnisera les victimes. Il reste qu'elles sont assurées d'obtenir l'indemnisation pour le montant total du dommage soit par l'entreprise privée, soit par l'Etat de lancement. La responsabilité de l'Etat de lancement agit ainsi comme une sorte de filet de protection qui en principe ne doit pas être utilisé mais qui est présent et sert en cas de défaillance du mécanisme classique de responsabilité.

Naturellement cela suppose que les Etats soient à même de contrôler les entreprises qui disposent de leur nationalité. On peut lire parfois dans les commentaires et critiques que les Etats ne peuvent pas effectuer ce contrôle dès lors que les activités ne sont pas conduites sur leur territoire. Il y a là un aveu d'impuissance assez étonnant et tout à fait contraire aux obligations de l'article VI du traité et plus généralement aux obligations qui découlent en droit international de la compétence personnelle des Etats.

Si les lois nationales permettent de régler les problèmes qui découlent des relations entre les entrepreneurs privés et les États dont ils dépendent, il reste nécessaire de résoudre les difficultés qui découlent de la pluralité des Etats responsables, des accords internationaux peuvent être utilisés.

2) Les accords internationaux.

Dans plusieurs cas, les dispositions actuelles du droit de l'espace prévoient le recours à des accords.

- C'est le cas de la convention sur l'immatriculation. C'est un Etat de lancement qui doit procéder à l'immatriculation. Il n'existe qu'un Etat d'immatriculation. Puisqu'il peut exister plusieurs États de lancement, l'article II.2 prévoit que *" ceux-ci déterminent conjointement lequel d'entre eux doit immatriculer ledit objet"*. Ce faisant, ils ne modifient pas les obligations des autres États de lancement en ce qui concerne leur responsabilité solidaire. La victime conserve le droit de demander la totalité de l'indemnité à l'un quelconque des Etats de lancement, mais on peut penser que logiquement il la demandera à l'Etat d'immatriculation. En faisant ce choix, il évite d'avoir à prouver la qualité d'Etat de lancement de l'Etat auquel il demande l'indemnisation. Cette "priorité" de l'Etat d'immatriculation est encore plus nette pour les dommages causés dans l'espace. Dans ce cas, la preuve de la faute est nécessaire il vaut donc mieux saisir l'Etat qui exerce sa "juridiction et son contrôle" sur l'objet spatial.

L'accord prévu par l'article II.2 de la convention sur l'immatriculation est obligatoire comme le montre l'indicatif utilisé. Il devrait conduire également les Etats de lancement à conclure les accords prévus par l'article V de la convention sur la responsabilité.

- Les accords visant la répartition de la charge de l'indemnisation entre les États de lancement sont prévus par l'article V de la convention de 1972 :

1. Lorsque deux ou plusieurs Etats procèdent en commun au lancement d'un objet spatial, ils sont solidairement responsables de tout dommage qui peut en résulter.

2. Un Etat de lancement qui a réparé le dommage a un droit de recours contre les autres participants au lancement en commun. Les participants au lancement en commun peuvent conclure des accords relatifs à la répartition entre eux de la charge financière pour laquelle ils sont solidairement responsables. Lesdits accords ne portent pas atteinte au droit d'un État auquel a été causé un dommage (...)

Ces accords ne sont pas systématiquement utilisés actuellement. Ils permettent pourtant de résoudre bien des problèmes. Ils contribuent à faire disparaître les "injustices" qui ont été indiquées plus haut. C'est vrai qu'il est peut être "injuste" que le Brésil ou la Chine ou tout autre Etat de lancement soit responsable alors qu'il ne profite que peu des bénéfices qui découleront de l'activité. Il ne faut pas en conclure que cette responsabilité soit anormale voire scandaleuse, il faut simplement que lorsqu'ils autorisent les lancements, ces Etats prennent soin de se garantir en obtenant des autres Etats de lancement ou d'ailleurs des opérateurs privés, des garanties suffisantes afin que, si leur responsabilité était mise en cause par les victimes, ces États ou ces opérateurs prendraient à leur charge les indemnisations. L'article V de la convention indique très justement que ces accords ne portent pas atteinte aux droits des victimes. S'ils sont passés correctement, ils sont cependant tout à fait capables de garantir les Etats de lancement qui souhaiteraient ne pas assurer cette responsabilité in fine. Naturellement ce partage de la charge du risque dépend d'une négociation et ferait intervenir des rapports de force. Pour éviter un trop grand déséquilibre, il est sans doute possible de mettre au point des accords standards qui permettraient, sans mettre en cause les droits des victimes, de mieux protéger certains Etats de lancement.

- Enfin, sans qu'aucune disposition ne l'envisage, il serait certainement très utile de systématiser des accords permettant d'éviter les conflits de lois lors des demandes de licences. Du fait de leur application très large, les lois spatiales conduisent à un risque élevé de voir des opérateurs devoir demander des licences à plusieurs Etats. Les conditions d'obtention de ces licences peuvent être différentes voire dans certains cas incompatibles. Si l'on prend l'exemple de la plupart des lois spatiales, elles s'appliquent à tous les lancements effectués depuis le territoire quelle que soit l'entreprise qui lance ou fait lancer, mais elles s'appliquent également à toutes les activités des nationaux où qu'elles aient lieu. Dans ce cas, si tous les Etats ont des lois spatiales, les conflits seront systématiques. Des accords sont donc nécessaires pour déterminer la loi applicable ou au moins pour prévoir la compatibilité des exigences de chacun des Etats.

Conclusion

La seconde étape des activités spatiales qui voit l'entrée en scène des entreprises privées pose au droit de l'espace le défit du contrôle étatique d'activités conduites par des personnes privées dans un espace international.

Contrairement à la situation en mer, il existe pour l'espace un corpus de textes qui rend possible ce contrôle. Il faut l'appliquer, le préserver, le compléter.

Le phénomène des pavillons et immatriculations de complaisance qui permet de choisir en fait le droit et le contrôle applicables ne doit pas conduire dans l'espace à une anarchie dangereuse pour tous.

Plus encore que la mer, l'espace est un enjeu stratégique, politique et militaire de la plus haute importance. L'évolution actuelle vers la recherche d'une sécurité internationale plus grande devrait conduire les Etats à vouloir conserver le contrôle qu'en vertu des dispositions du droit actuel, ils doivent exercer sur toutes les activités spatiales

L'OUVERTURE A LA CONCURRENCE DU MARCHE FRANÇAIS DES ACTIVITES SPATIALES

L'expérience des télécommunications spatiales

Lucien RAPP

Professeur à l'Université de Toulouse 1
Avocat à la Cour

1. La France est assurément la première puissance spatiale européenne. Elle est sans doute encore la première puissance spatiale mondiale. Le restera-t-elle ? Il ne tient qu'à elle et plus particulièrement au succès de sa politique d'ouverture à la concurrence du marché français des activités spatiales.

2. Par politique d'ouverture à la concurrence du marché français des activités spatiales, il faut évidemment entendre l'adoption d'un cadre juridique qui fixe la nature et l'étendue des obligations de chacun des intervenants actuels, organise les conditions et la procédure d'accès d'opérateurs entrants sur les segments de marchés concurrentiels, établisse, sur ces segments de marchés, les modalités d'une concurrence loyale, accompagne ou prépare la maturité du marché des activités spatiales, dans son ensemble qu'on le considère dans sa dimension financière, commerciale ou industrielle. Car c'est peu dire que cette politique d'ouverture est nécessaire. Elle est à la vérité inéluctable.

3. Ce n'est pas tant que l'Etat français ait démérité. Bien au contraire. Il a construit sur le socle solide de l'agence nationale créée, il y a quarante ans, sous la forme d'un établissement public à caractère industriel et commercial, une industrie spatiale, importante et compétitive. Cette industrie pèse d'un poids respectable dans l'économie mondiale et ses nombreux succès, tant techniques qu'industriels, forcent, à juste titre, l'admiration. Il s'agit bien d'un modèle éprouvé, que l'on a pu baptiser « Colbertisme High Tech »[1] et qui correspond à l'économie du Grand Projet. L'on en retrouve tous les éléments, qui ont produit, à un moment donné de l'histoire de notre pays, le développement de l'industrie des réseaux et services de télécommunications : la phase de *« despotisme éclairé »* sous couvert de service public ; celle du

[1] Elie Cohen, Le Colbertisme « high tech », Economie des Telecoms et du Grand Projet, Hachette, Pluriel, Enquête, 1992.

« volontarisme mimétique » par la construction de champions nationaux à partir d'une administration entreprenante ; l'institution du marché par l'Etat et la conquête progressive du statut d'entreprise ; l'Europe en tant qu'élément perturbateur des politiques nationales, puis en tant que perspective nouvelle par le marché intégré qu'elle ouvre et les synergies opportunistes qu'elle faite naître, entre firmes comme entre gouvernements. Ce n'est pas un hasard si l'on retrouve le CNES au centre d'une toile industrielle patiemment tissée depuis le 19 décembre 1961[2] : la maîtrise d'un pas de tir exceptionnel à Kourou, l'édification de l'un des acteurs majeurs du marché du lancement, Arianespace, la mise en place d'un opérateur original, Spot Image, sur le marché porteur de l'observation de la terre. Tout cela, pour n'évoquer que les premières lignes de cet organigramme complexe, qui plonge profondément dans l'industrie nationale, par le biais des sous-traitances en chaîne. Elles forment un réseau dense d'entreprises travaillant directement ou indirectement pour la filière spatiale.

4. Le rôle de l'Etat n'est pas le fruit du hasard. Au-delà des décisions de nos politiques auxquelles pour une fois tout au moins, il faut rendre hommage pour leur prescience, il est la conséquence d'un système de règles internationales qui positionnent l'Etat au centre du dispositif des industries spatiales. Faut-il rappeler que le Traité de l'Espace signé le 27 janvier 1967 place l'espace sous la responsabilité des États (au sens du mot anglais *« responsability »*). Il établit la compétence et les pouvoirs des Etats, délimite l'étendue de leurs juridictions respectives, fixe leur régime de responsabilité (au sens cette fois du mot anglais *« liability »*). C'est précisément ce régime de responsabilité ou plus exactement d'irresponsabilité qui empoisonne aujourd'hui l'existence quotidienne des juristes spécialisés, qu'ils soient praticiens ou relèvent du monde académique. Parce que l'État est responsable des conséquences de dommages causés par un objet spatial à la surface de la terre ou aux aéronefs en vol, - et de quelle manière puisque sa responsabilité est aux termes de la Convention du 29 mars 1972, *« objective et absolue »* -, il a bien fallu protéger les opérateurs travaillant dans sa périphérie. De clauses d'éviction en statut de sauvegarde, on a donc cherché à les sanctuariser, en évinçant leur responsabilité. Mais, outre que ces protections sont imparfaites comme en témoignent l'examen de la validité des clauses d'éviction contenues dans les contrats de lancement ou l'hypothèse d'un dommage survenant aux tiers dans le périmètre de pas de tir, elles sont devenues illusoires avec les progrès de l'encadrement juridique du commerce et des investissements internationaux après la signature de l'Accord de Marrakech, le 15 janvier 1994 ou l'approche fonctionnelle et pragmatique du régime des activités économiques à l'intérieur de l'Europe. Cette dernière rend désormais inefficace toute qualification a priori et ruine les méthodes

---

[2] Date de création du CNES par la loi n°61-1382 du 19 décembre 1961 instituant un Centre National d'Etudes Spatiales. Sur cette loi voir notamment, Philippe Clerc, Le cadre institutionnel des activités spatiales en France : le CNES, in Simone Courteix, Le cadre institutionnel des activités spatiales des Etats, Pedone, 1997.

sur lesquelles le raisonnement juridique des pays de droit continentaux est traditionnellement construit : je qualifie juridiquement une activité économique par rapport aux catégories existantes du droit et j'obtiens *ipso facto* l'identification de son régime juridique. La Commission et surtout la Cour de justice des Communautés européennes nous apprennent depuis plusieurs années déjà à raisonner différemment : c'est la nature profonde d'une activité et non sa qualification a priori, qui détermine son régime juridique et partant, fixe la charge de la preuve ; et c'est donc à l'Etat qui revendique un régime d'exception d'établir son bien fondé, le principe étant celui d'un marché, libre d'accès et loyalement concurrentiel.

5. On aurait tort d'en déduire que l'ouverture à la concurrence du marché des activités spatiales est la double conséquence de l'échec de l'Etat, singulièrement de l'Etat français ou de coups de force de la Commission puis de la Cour des justice des Communautés européennes, comme ce fût le cas dans le secteur des télécommunications. Certes, le modèle de l'Etat *colbertiste* a révélé ses limites, depuis le début des années quatre-vingt, limites résultant beaucoup moins de son absence de légitimité à intervenir dans certains secteurs jugés stratégiques que de l'étroitesse des marges budgétaires dans une conjoncture de très fortes tensions financières, notamment après la décision d'adhérer aux fameux critères de Maastricht pour la qualification des Etats qui retiendraient l'euro comme monnaie nationale, le 1er janvier 2002. L'Etat a dû ouvrir le capital de ses entreprises aux intérêts privés, devenus parfois majoritaires, comme pour Spot Image et favoriser au delà des regroupements industriels nécessaires, les partenariats financiers qui pouvaient se révéler utile. Certes, l'ordre juridique européen et les engagements qu'il postule de la part des Etats est un élément très fortement perturbateur des politiques nationales du chacun pour soi et des jurisprudences taillées sur mesure. Le secteur des télécommunications a fait lui-même l'expérience de l'effectivité des décisions rendues par la Cour de justice des Communautés européennes, lorsque celle-ci par un arrêt *« British Telecom »* du 20 mars 1985 mît, du soir au lendemain, hors la loi européenne, tous les monopoles nationaux, en concluant à l'applicabilité des règles de concurrence du Traité au secteur des télécommunications. Elle ouvrait ce faisant, la voie d'une stratégie de tenaille de la part de la Commission, celle-ci pouvant alternativement manier la carotte, en incitant les Etats à définir une politique commune des télécommunications ou le bâton, par la menace d'une procédure d'infraction. L'expérience montre que la Commission eût encore plus d'efficacité dans son action en utilisant opportunément les ressources de l'actuel article 86 alinéa 3 du Traité d'Amsterdam et en adoptant des directives que l'on connaît plus ordinairement sous leur dénomination de « directives de l'article 90 ».

6. Les vraies raisons de l'ouverture à la concurrence du marché des activités spatiales tiennent à leurs débouchés et plus généralement, à ce que l'on commence à appeler *« les applications spatiales »* : de la télévision par satellites à l'Internet large bande, de la télé-médecine aux

télécommunications spatiales, des V-Sat à la navigation par satellites. Les services de télécommunications représentent ainsi aujourd'hui au niveau mondial un marché d'un montant de 1000 milliards de dollars, dont 63 milliards pour les télécommunications spatiales. Ces 63 milliards sont encore pour l'essentiel représentés par les services de diffusion de programmes de radio ou de télévision, mais les observateurs attentifs anticipent déjà un développement considérable du marché de la location de capacités (FSS) (bandes C et KU, location de capacités à valeur ajoutée, mise à disposition de supports, fourniture de services avancés de type *streaming* ou *caching*), qui ne pèse actuellement que 7 milliards de dollars. Le marché de l'accès large bande bi-directionnel et de l'accès au réseau Internet par satellites devrait lui-même se développer jusqu'à représenter en 2009, 20% du marché mondial. Que l'on ne s'y trompe pas : il ne s'agit pas seulement ici de satisfaire le désir légitime d'ubiquité universelle de tout utilisateur, en mal de connexions téléphoniques ou informatiques ; il s'agit surtout de répondre à la demande considérable d'accès de nombreux peuples du tiers-monde, véritables laissés pour compte de la révolution des techniques de l'information et de la communications. Il s'agit peut-être aussi de faire échec au monopole de fait des opérateurs historiques dans le domaine de la radio, de la télévision ou des télécommunications. Les enjeux sont donc considérables. Ce sont eux qui poussent à la libéralisation des industries d'amont et par conséquent, à l'assouplissement des règles en vigueur quand il ne s'agit pas dans le cas de la France, de définir un véritable régime des activités spatiales, qui n'existe pas encore et que l'on a sans cesse repoussé dans le temps. La nécessité de l'ouverture à la concurrence des activités de télécommunications offre ainsi l'opportunité historique de la définition d'un cadre juridique neuf et adapté pour les activités spatiales, neuf parce qu'il s'agit bien de construire et non de prolonger l'existant et adapté parce qu'il faut préserver la compétitivité de notre industrie et sa place de premier plan, précédemment rappelée.

7. On pourrait poser par procuration que le secteur spatial est suffisamment spécifique pour conclure que ce travail minutieux d'élaboration d'un « Outer-Space Act », « Act on Space Activities », « Commercial Space Activities Act » (pour reprendre quelques intitulés en usage) à la française doit être original et conduit dans la solitude des consciences de quelques spécialistes. Ce serait commettre l'erreur de ne pas tirer partie de l'expérience comparable de quelques secteurs voisins dont celui des télécommunications. On aura compris que l'objet de la présente communications est précisément de tenter de dégager quelques enseignements qui pourraient être utiles.

*

* *

8. Le secteur des industries réglementées dites « de réseaux » ou « d'infrastructures » s'est pas seulement transformé au cours des dernières années, en Europe et en France. Il a à la vérité réalisé une véritable mutation, notamment dans ses relations avec l'économie, mutation dont rendent compte

les contours nouveaux du secteur public et ses modes de fonctionnement actuel.

- Aux cinq monopoles dont EDF, établissement public national pouvait encore se prévaloir il y a peu (monopoles de la production, du transport, de la distribution, de l'importation et de l'exportation de l'énergie électrique) tend à se substituer une situation de marché, certes naissante, mais appelée à prendre de l'ampleur dans les années qui viennent[3]. La création d'une bourse de l'électricité, événement dont on peut regretter qu'il n'ait pas davantage retenu l'attention des juristes en raison de sa nouveauté, donne la mesure des bouleversements considérables, réalisés, dans ce secteur d'activité, au cours des derniers mois.
- Dans le secteur des télécommunications, le monopole cent cinquantenaire de l'administration a cédé en quelques années pour laisser place à une situation de marché. Et si France Telecom, n'est plus aujourd'hui qu'un *« opérateur historique »*, cette expression ne doit surtout pas laisser penser que l'entreprise actuelle est resté figée sur les pratiques ancestrales de l'administration dont il est issu. Comme les autres opérateurs historiques européens et peut-être mieux que beaucoup d'entre eux, il a su négocier le cap de l'ouverture du secteur à la concurrence et conservé la plupart de ses positions. On verra même qu'aujourd'hui, en dépit de son endettement et de quelques opérations que l'on pourrait regretter, cet opérateur historique ne s'est jamais si bien porté, au point de confisquer, dans la boucle locale filaire, le marché de l'accès haut-débit et par là-même, les bénéfices attendus de la libéralisation du régime des activités de télécommunications : l'abaissement des tarifs, la diffusion rapide du progrès des techniques, l'amélioration du service fourni au client.
- Le secteur des transports a fait sa mue depuis plusieurs années. Il faut reconnaître qu'il n'a jamais été, hormis les exceptions des transports ferroviaires et aériens, sous le contrôle étroit de la puissance publique : le transport routier est ouvert à l'initiative privé dès l'origine, comme le transport maritime et si le transport ferroviaire est encore une affaire publique, le transport aérien vit à l'heure de la post-libéralisation (c'est-à-dire des concentrations qui préparent peut-être de futures nationalisations).

Il n'est pas jusqu'au postier, figure emblématique du service public, qui apprend le commerce et privatise son patrimoine immobilier, à la faveur d'une loi récente du 11 décembre 2001[4], le factotum de Maupassant, dût-il s'en retourner dans sa tombe.

---

[3] Sur la mise en place de la loi du 10 février 2000, voir notamment : «*La loi du 10 février 2000. Un an après l'installation de la régulation du marché électrique – Le point de vue de Thierry Tuot, Directeur de la Commission de régulation de l'électricité* », CJEG, février 2001, p. 51.

[4] Loi n°2001-1168 du 11 décembre 2001 portant mesures urgentes de réformes à caractère économique et financier, JO 12 décembre 2001, p. 19.703.

9. On comprendra que l'on privilégie l'analyse du secteur des télécommunications, en raison de sa proximité et même de sa connexité avec celui des activités spatiales. Les télécommunications ne sont-elles pas spatiales pour partie ? Sans prétendre refaire l'histoire des dix années qui viennent de s'écouler, celles-ci resteront à leur tour comme celles qui ont fait trembler le monde … Peut-on imaginer qu'il y a dix ans, on vivait pour une large part encore sous le coup de la loi 2 mai 1837, dont le vote avait été obtenu dans les circonstances sulfureuses du premier délit d'initié de l'histoire contemporaine. Cette circonstance est du reste loin d'être anecdotique puisque dans le secteur des télécommunications comme aujourd'hui dans celui de l'espace, l'on avait découvert à cette occasion que le régime des installations du télégraphe de Chappe n'était pas défini et que l'Etat ne pouvait exercer convenablement, ne serait-ce que son pouvoir de police. On a donc bâti dans la précipitation, l'un des régimes les plus durables que l'on ait connu en France. Ce régime à son tour, a servi de base juridique à l'un des monopoles les plus complets que l'on ait jamais établi : monopole des activités de régulation et d'exploitation confondues sous l'autorité du ministre chargé des télécommunications, monopole de l'établissement des réseaux et de la fourniture des services, y compris la mise à disposition d'équipements terminaux, monopole de l'accès au segment spatial et de la fourniture de ce segment lui-même. Fait significatif qui n'est pas sans rappeler le secteur des activités spatiales, ces monopoles sont exploités sous un régime d'éviction de responsabilité, le Code portant même officiellement à l'article L37, l'énoncé de l'irresponsabilité de l'Etat, qui ne cédera effectivement qu'en 1984. Si l'Etat dans le secteur des télécommunications, à la différence du secteur de l'espace, agit lui-même directement à partir de la fameuse Direction Générale des Télécommunications, et non par personne publique interposée, c'est néanmoins dans le cadre d'un budget annexe, qui garantit au moins l'autonomie fonctionnelle de l'opérateur public et l'on retrouve par ailleurs pour les équipements de télécommunications comme pour les équipements spatiaux, un régime de marchés publics qui a permis l'éclosion de champions industriels nationaux.

10. C'est l'Europe, comme on l'a rappelé plus haut, qui va perturber l'équilibre ainsi réalisé. A la suite de l'arrêt rendu par la Cour de justice des Communautés européennes le 20 mars 1985 et sur le fondement de plusieurs Livres verts dont celui du 30 juin 1987, la Commission met en œuvre une politique sectorielle dont les objectifs affichés sont l'harmonisation des réglementations nationales et leur libéralisation. Elle le fait essentiellement par voie de directives, en usant tour à tour de la procédure solennelle de l'article 101 A du Traité et de celle, plus expéditive que lui reconnaît l'article 90 alinéa 3. Deux lois de réglementation des télécommunications successives, celle du 29 décembre 1990 et celle du 26 juillet 1996 vont transposer les recommandations de ces directives, jusqu'à l'objectif d'une ouverture totale du marché, le 1er janvier 1998. Parallèlement, les activités de

régulation et d'exploitation sont séparées : la régulation est confiée à une autorité administrative indépendante, cependant que l'exploitation relève d'une entreprise publique distincte de l'Etat, d'abord constituée sous la forme d'un établissement public industriel et commercial, puis transformée en une société de plein exercice. L'ouverture du marché lui-même se fait par étapes successives, mais dans un cadre juridique à chaque fois précisé : l'autorisation de revente de capacités, le régime des réseaux à valeur ajoutée, le déploiement de réseaux expérimentaux ou alternatifs, l'ouverture à la concurrence des services autres que le téléphone, puis du service du téléphone, l'abandon du monopole des infrastructures publiques.

11. Dans ce contexte, c'est presque naturellement que le régime des télécommunications spatiales a été progressivement libéralisé ; cela, même si la Commission des Communautés européennes a toujours pris soin de distinguer les télécommunications spatiales des autres activités de télécommunications. L'analyse des principaux textes applicables et surtout de leur évolution est particulièrement éclairante. En posant de manière très explicite le principe de la liberté d'établissement et d'emploi des installations de télécommunications, la loi du 30 septembre 1986 a, la première ouvert une brèche dans le monopole des télécommunications par satellites. Avant cette loi, les stations d'émission et/ou de réception étaient assimilées à des installations de télécommunications et soumises comme telles, à un régime d'autorisation préalable strict de la part du ministre chargé des télécommunications. Au mieux, les opérateurs avaient le choix entre des stations appartenant à l'Etat, mais qui ne leur étaient pas toujours accessibles en fonction de critères objectifs, transparents et non discriminatoires et d'autres, relevant du régime de l'article L89 applicables aux stations radioélectriques privées. Le système était apparu d'une rigidité telle avec l'apparition des premières paraboles qu'un régime d'autorisation de plein droit équivalent à un régime de liberté de facto avait été introduit par un arrêté du 3 juillet 1984 pour certaines stations terriennes utilisées exclusivement à la réception à titre privé, individuelle et collective, des seuls signaux télévisuels. Encore ce régime d'autorisation de plein droit impliquait-il une déclaration préalable des utilisateurs et l'emploi de matériel homologué.

12. Du principe de liberté posé par la loi de 1986 devait logiquement découler un régime plus libéral, des stations terriennes d'émission et/ou de réception et des opérations de liaisons ascendantes (up-link). Cela, d'autant plus qu'une directive européenne plusieurs fois modifiée depuis lors du 16 mai 1988 relative à la concurrence dans les marchés de terminaux de télécommunications avait assimilé les stations terriennes de réception par satellite (antennes paraboliques, récepteurs, tuner décodeurs) à des équipements terminaux de télécommunications), c'est-à-dire qu'elle les soumettait au régime de concurrence qu'elle établissait. La portée de ce texte fût moins importante en réalité – dans le domaine des communications par satellites tout au moins - d'une part parce qu'il fit l'objet d'un recours devant la Cour de Justice des Communautés européennes mais peut-être davantage

parce que les autorités françaises n'étaient pas encore prêtes à libérer ce secteur d'activité. D'abord, on interprétât de manière restrictive le champ d'application de la directive du 16 mai 1988, il est vrai limité aux *"stations assurant la seule réception pour autant qu'elles ne soient pas raccordées au réseau public d'un Etat-membre"*. En second lieu, on maintînt pour des raisons d'opportunité le monopole de France Télécom pour opérer les liaisons montantes, en justifiant ce monopole, tantôt parce qu'il était celui d'une organisation internationale à laquelle l'Etat, c'est-à-dire France Télécom, est partie.

Ce régime juridique eût, dans un premier temps, pour conséquence une exclusion de fait des systèmes à satellites distincts, par exemple de la société américaine PanAmSat (PAS 1) ou de la Société Européenne de Satellites (Astra) en Europe. Pour ces systèmes, on établissait un régime d'autorisation préalable notamment fondé sur l'article L93 du Code des Postes et Télécommunications et le monopole de France Télécom pour les liaisons montantes, et encore sous réserve du respect des procédures de coordination internationale applicables aux systèmes dits "séparés". L'arrêté du 27 avril 1987 publiant le tableau national de répartition des fréquences (avant que l'arrêté du 25 janvier 1999 ne publie l'actuel) est dépourvu d'ambiguïté sur ce point lorsqu'il ne laisse aucune place pour des bandes autres que celles attribuées aux différentes administrations françaises intéressées. La société Locstar S.A. en fit l'expérience en son temps.

13. La transformation de France Télécom en un exploitant autonome de droit public par la loi du 2 juillet 1990 aurait pu fournir l'occasion d'une avancée dans ce domaine. Elle eût comme conséquence l'établissement d'un droit d'usage de France Télécom des bandes de fréquences qui lui avaient été attribuées ou assignées avant le 1er janvier 1991. Ce qui est beaucoup si l'on considère que France Télécom est désormais assujetti au même régime d'autorisation que ses concurrents potentiels, mais ce qui était peu à l'époque, si l'on prend en compte le fait que France Télécom représente la France auprès des grandes coopératives internationales du type d'INTELSAT ou EUTELSAT, aujourd'hui privatisées et qu'à ce titre, il dispose seul du droit d'accès direct aux systèmes à satellites qu'elles exploitent.

14. La loi sur la réglementation des télécommunications (LRT) du 29 décembre 1990 est étrangement muette sur les télécommunications par satellites. Pourtant, c'est sur son fondement et notamment sur celui des nouveaux réseaux indépendants dont elle établit le régime juridique (article L33.2) que la situation va se débloquer, avec l'attribution au mois de décembre 1991 des premières licences V-SAT, dont l'une, particulièrement symbolique à la société PanAmSat et dans la foulée, de licences SNG (stations de reportage). Les services fournis sont libres et la DGPT s'interdit d'exercer aucun contrôle sur leur fourniture, tant qu'il demeurent réservés à l'usage d'un groupe fermé d'utilisateurs. Aucune définition de cette expression, pourtant essentielle, n'est toutefois donnée dans la LRT, ce qui explique la démarche très empirique des organes français de régulation.

Significative est par exemple l'attitude de la DGPT qui dans un premier temps se montrera plutôt restrictive de la possibilité d'une interconnexion des réseaux V-SAT au réseau public et qui l'a ensuite admis de manière plus libérale, pour autant qu'elle ne serve pas à contourner le monopole de France Télécom sur les réseaux ouverts au public et sur certains services de télécommunications (service téléphonique).

15. La publication au mois de décembre 1990 d'un Livre Vert sur les communications par satellites et peu après l'adoption d'une résolution par le Conseil, le 4 novembre 1991, qui en reprend les grandes orientations, allaient marquer la fin de cette période d'ostracisme. Ils recommandent tout à la fois la libéralisation du secteur terrien, l'accès sans restriction à la capacité du secteur spatial, la liberté commerciale pour les fournisseurs de systèmes à satellites, la reconnaissance mutuelle des autorisations ou agréments nationaux. Il faut préciser que jusqu'alors, les communications par satellites avaient été systématiquement exclues de la politique européenne de libéralisation.

16. Après 1991, les avancées ont été plus rapides. Une directive du Conseil du 29 octobre 1993 (n°93/97) est venue aligner le régime de reconnaissance mutuelle des agréments des équipements de stations terrestres de communications par satellite sur celui des autres équipements de télécommunications. Elle a depuis lors été consolidée par une directive n°98/13/CE et plus récemment encore par la directive 1999/5/CE du 9 mars 1999 dite Directive "RETTE".

Une autre directive de la Commission du 13 octobre 1994 (n°94/46/CE) a défini le cadre européen des communications par satellites en recommandant aux États, sous couvert de modification de directives antérieures, de mettre un terme aux droits exclusifs et spéciaux qui demeureraient, notamment au profit d'opérateurs publics monopolistiques. Elle favorise ainsi une libéralisation du régime des services par satellites et des équipements de satellites qu'une résolution du Conseil en date du 22 décembre 1994 appelle de ses vœux en ce qui concerne la fourniture de capacité de secteur spatial et l'accès à cette capacité. Ces textes, notamment la directive de la Commission, appelaient des mesures de transposition très rapides.

17. Un avis de la Direction Générale des Postes et Télécommunications du 23 septembre 1995 (JO 23 septembre 1995) a confirmé la mise en conformité de la réglementation française. Il renvoie les opérateurs de systèmes de télécommunications par satellites au respect de trois schémas réglementaires dont un, très nouveau, applicable aux réseaux et services fixes par satellites ouverts au public. C'est la première fois que des autorisations seront données en France pour l'établissement et l'exploitation de réseaux et de services ouverts au public, si l'on excepte celles qui ont pu être accordées à France Télécom. Certes, deux restrictions de taille viennent limiter ce nouveau dispositif réglementaire : l'exclusion du service de téléphonie vocale encore couvert par le monopole jusqu'au 1er janvier 1998, et l'impossibilité pour des

entités non européennes d'être titulaires d'une autorisation autrement qu'en participant au capital d'une société dont elles ne pourront détenir plus de 20% des actions. Cette dernière restriction est toutefois maintenue dans l'attente des résultats des négociations en cours dans le cadre du GATS (accord général sur le commerce des services).

18. Ces négociations ont toutefois abouti le 15 février 1997, sans que cette restriction ait disparu. Tout au plus, peut-on observer que dans le cadre de la réglementation française en vigueur, cette restriction ne concerne plus que les participations directes (article L33-1-III du Code des postes et télécommunications), le régime des participations indirectes ayant été libéralisé à compter du 30 juillet 1998, date de mise en œuvre de l'accord conclu dans le cadre de l'OMC sur les télécommunications de base.

19. Entre temps, l'année 1996 est marquée par l'adoption des deux lois du 26 juillet 1996, l'une portant réglementation des télécommunications et l'autre portant transformation de France Télécom en une entreprise nationale. S'il est fait apport à la nouvelle entreprise nationale, France Télécom, de l'ensemble des biens, droits et obligations de la personne morale de droit public qui lui préexistait, y compris les bandes de fréquences qui lui avaient été assignées ou attribuées, sans changement notable pour ses concurrents, en revanche la nouvelle loi de réglementation des télécommunications prépare l'ouverture à la concurrence, le 1er janvier 1998 de l'ensemble des réseaux et services de télécommunications, notamment les réseaux ou services de télécommunications par satellites.

De leur point de vue, ses dispositions les plus notables tiennent à la libéralisation du service de téléphonie vocale, qui relève désormais de la procédure d'autorisation décrite par l'article L34-1 du Code des postes et télécommunications, dans des conditions identiques à celles prévues pour les réseaux ouverts au public par l'article L33-1. De façon plus générale, l'article L34-3 du Code des postes et télécommunications pose que « *la fourniture au public des services de télécommunications* (qui incluent mais de manière non exclusive, le service téléphonique au public), *utilisant des fréquences hertziennes est soumise à autorisation préalable (...) lorsqu'elle suppose l'établissement d'un nouveau réseau ou la modification d'un réseau déjà autorisé (...)* » et « *lorsqu'elle est assurée grâce à un réseau utilisant des fréquences assignées par une autre autorité que celle compétente en matière de télécommunications* » (ie le Conseil Supérieur de l'Audiovisuel). Outre la création de l'Agence nationale des fréquences, la loi n°96-659 du 26 juillet 1996 apporte également une modification aux dispositions des articles L89 et suivants du Code des postes et télécommunications. L'article L89 établit désormais que sauf le cas particulier des réseaux internes ou de proximité visés à l'article L33-3 du Code des postes et télécommunications, « *l'utilisation de fréquences radio-électriques en vue d'assurer soit l'émission, soit à la fois l'émission et la réception de signaux est soumise à autorisation administrative* » (délivrée par le ministre chargé des télécommunications, article R52-1), de la même, façon que « *l'utilisation d'une installation radio-électrique en vue d'assurer la réception de signaux transmis sur les fréquences attribuées par le Premier Ministre en application de l'article 21 de la loi n°86-1067 du 30 septembre 1986 relative à la liberté de communication, pour les besoins de la défense nationale ou de lé sécurité publique* ». Enfin, la loi du 26 juillet 1996 substitue à la procédure de l'agrément des terminaux de télécommunications, y compris les stations radio-électriques qui permettent d'accéder à des services de télécommunications (article L32-10°), une procédure d'évaluation de leur conformité aux exigences essentielles.

20. En règle générale, les systèmes de télécommunication par satellites entrent dans le champ des dispositions de l'article L33-1 du Code des postes et télécommunications, dès lors qu'ils prévoient l'utilisation de fréquences sur le territoire national et qu'ils ne s'adressent pas à un groupe fermé d'utilisateurs (réseaux indépendants de l'article L33-2). L'autorisation d'un réseau de communication par satellites sur le territoire français nécessite l'octroi d'une licence individuelle délivrée par le ministre chargé des télécommunications, après instruction du dossier par l'ART. Elle est accordée à l'opérateur du système ou à son représentant dûment qualifié. Elle vaut autorisation pour l'utilisation d'une bande de fréquences et pour l'exploitation de stations terriennes. Après délivrance de l'autorisation, l'ART attribue les ressources en fréquences et en numérotation dont l'opérateur a besoin pour installer et exploiter son réseau.

21. La Communauté européenne a précisé le régime des communications par satellites, désormais libéralisé. Elle s'intéresse plus particulièrement aux services de communication personnelles par satellites qui font l'objet d'une décision du Parlement européen et du Conseil du 24 mars 1997 concernant une approche coordonnée des autorisations (décision n°710/97/CE), recommandant notamment la mise œuvre d'une procédure du guichet unique). Parallèlement, la Commission a pris l'initiative d'une communication intitulée « Plan d'action de l'Union européenne : les communications par satellite dans la société de l'information ». La Commission y dénonce notamment les insuffisances du cadre en vigueur du point de vue la mise en place d'un véritable marché intérieur, particulièrement le fait que la directive précité 94/46/CE relative aux communications par satellite n'est toujours pas en application dans cinq États membres ou encore que la directive précitée 93/97/CEE relative aux équipements de stations terrestres de communication par satellite n'est pas encore appliquée dans quatre États membres. Elle propose à l'industrie d'identifier les barrières réglementaires existantes afin de lui permettre d'élaborer les mesures nécessaires, recommande un effort particulier de normalisation, appelle de ses vœux la transformation des organisations internationale de communication par satellite (Intelsat, Eutelsat, Inmarsat), se déclare déterminée à favoriser la réalisation intégrale des engagements contractés par les pays dans le cadre des négociations de l'OMC, notamment en matière d'accès aux orbites et aux fréquences, définit le cadre d'une

politique de soutien à la recherche et par conséquent, à l'industrie européenne.

Ce plan d'action qui a reçu le soutien du Conseil et du Parlement européen a notamment conduit à la mise en place de groupes de travail, notamment le *« Regulatory Working Group »*, qui a produit au mois d'octobre 1999, un rapport présentant les difficultés de mise en œuvre dans le domaine des communications par satellites, de la directive 97/13 CE du 10 avril 1997 relative à un cadre commun pour les autorisations générales et les licences individuelles dans le secteur des services de télécommunications, dite « Directive Licence ». Une deuxième réunion de ce groupe de travail a eu lieu au mois de juillet 2001.

Parallèlement, la Commission a produit au mois de juin 2001, une communication confirmant l'application des principes de libre circulation des marchandises et de libre fourniture des services au cas des équipements de réception.

22. L 'adoption, le 14 février 2002 d'un nouveau paquet de directives sur la communication électronique devrait marquer une étape finale de ce processus de libéralisation, en alignant le régime des communications par satellite sur celui des autres formes de la communication. On relève plus particulièrement deux directives : l'une relative aux conditions d'accès au marché qui harmonise, en les assouplissant, dans le prolongement de la Directive Licence, le régime et les procédures des autorisations requises à l'entrée ; l'autre concernant le régime du spectre des fréquences, qui prévoit notamment à des fins de meilleure coordination des positions communes dans les réunions internationales, la constitution d'un Comité européen du spectre radio-électrique.

23. Sans doute, l'ouverture à la concurrence du marché des activités spatiales n'est-elle pas de même nature que celle des activités de télécommunications, particulièrement des télécommunications spatiales. Il s'agit pour ce qui est des activités spatiales de définir un cadre qui redéploie l'influence de l'État, apporte la sécurité juridique nécessaire, organise les procédures qui font aujourd'hui défaut, tienne compte des engagements internationaux et européens de la France. Mais on va voir que plusieurs enseignements d'importance peuvent être dégagés de l'expérience de la libéralisation du régime des activités de télécommunications, qu'il serait regrettable d'ignorer.

*

* *

24. Le premier de ces enseignements est lié à l'économie des industries de réseaux que l'on aurait tort de méconnaître dans le secteur des industries spatiales. Elles entrent elles aussi dans la catégorie des industries d'infrastructures.

25. Voilà en effet des industries à forte intensité capitalistique : elles sont dévoreuses des capitaux nécessaires aux investissements de premier

établissement que l'installation de réseaux, qu'ils soient de télécommunications, de transport ou d'énergie, requiert. Tout opérateur de réseau a ainsi le réflexe premier de vouloir/devoir investir dans la construction de capacités, dans l'espoir que cet investissement de départ lui donnera une place dominante sur le marché et sera rapidement à l'origine de profits. Puis vient la phase transitoire : le marché est ouvert, la concurrence s'effectue sur les tarifs, chaque opérateur cherche à maximiser le volume de ses ventes. Dans cette phase intermédiaire, le danger vient de ce qu'étant donné les investissements réalisés en amont, le coût de la dernière unité produite est résiduel et que les opérateurs sont ainsi incités à investir encore, tout en continuant d'abaisser leur tarifs. On perçoit immédiatement la chute : les tarifs sont abaissés au point de ne plus correspondre aux charges fixes ; pour prendre une référence commode et familière, le prix du billet de transport aérien ne compense plus celui du sandwich - au demeurant fort mauvais - que l'on sert à bord. Les profits diminuant, les banquiers et les actionnaires se retirent. L'opérateur concerné est mûr pour une opération de rachat, à moins que ses prédateurs n'attendent patiemment qu'il dépose son bilan. Le piège est automatiquement réarmé, pour de nouvelles victimes.

26. Dans un article récemment paru[5], l'hebdomadaire *Business Week* posait ainsi le problème des politiques de déréglementation en des termes dépourvus d'ambiguïté qui décrivent un étrange dilemme, comparable à celui des prisonniers : c'est l'innovation contre la stabilité.

- Ou l'on cherche à bénéficier des effets innovants de l'ouverture à la concurrence, en abandonnant le confort d'un monopole, mais il faut alors admettre le prix d'une grande instabilité du marché ; or, cette instabilité est d'autant moins acceptable qu'il s'agit d'industries de réseaux, dont le rôle est essentiel dans le développement tant de l'économie que de la société.
- Ou l'on veut la stabilité de ces industries, pour des raisons tenant à la poursuite de la croissance économique et à l'efficacité des politiques sociales et l'on doit alors accepter un déficit d'innovation. Il fût un temps où l'on parlait de monopole naturel. La démonstration est différente, mais on n'en est plus très loin.

27. Le deuxième enseignement tient à la nécessité de ne pas se payer de mots. L'ouverture à la concurrence d'un marché jusqu'alors réglementé a des incidences inévitables sur la structure des organisations pré-existantes, qu'il serait illusoire de prétendre limiter ou même contrôler. Ce n'est pas tant de privatisation que l'on voudrait parler ici, même si la privatisation du secteur des activités spatiales est partiellement engagée. C'est de la valeur des entreprises confrontées à la nécessité d'une ré-organisation de leurs activités.

---

[5] Peter Coy, *"Deregulation : Innovation versus Stability"*, Business Week, 28 janvier 2002, p. 56.

28. On connaît cela dans toutes les industries de réseau avec des nuances tenant à leurs particularismes technique, social ou culturel. Industries monolithiques et très fortement concentrées, elles sont d'abord contraintes d'accepter une séparation de leurs activités d'infrastructures et de leurs activités d'exploitation. Tel est aujourd'hui le cas dans le secteur de l'énergie à la demande des autorités communautaires ou dans le secteur des télécommunications sous la pression du droit de la concurrence, notamment dans la boucle locale. Cette séparation se double d'une tendance redoutable à l'individualisation par étape des activités de production, de commercialisation et de négoce, le plus souvent sous la forme de filiales autonomes. Le marketing l'emporte alors sur la technique en un modèle éprouvé ou prétendument tel qui fît un temps le succès de l'entreprise américaine, Enron. Mais précisément, l'échec patent de ce modèle présumé doit aujourd'hui inviter à beaucoup de modestie et sans doute aussi, à une certaine retenue à l'égard des préconisations managériales. Les théories de la firme du point de vue de l'analyse micro-économique enseignent que l'économie de marché fonctionne selon deux modèles d'allocation des ressources : le marché lui-même qui se régule par les prix et l'entreprise où règne l'organisation. Le choix théorique de l'un ou l'autre de ces deux modèles qui sont loin d'être incompatibles dépend d'un calcul économique dont il résulte que l'on peut déplacer la frontière entre le marché et l'organisation. La question peut être posée de savoir s'il est opportun que celle-ci disparaisse et que le marché soit installé au cœur de l'organisation. Elle est d'autant plus pertinente qu'une entreprise d'infrastructure dépend pour une large part de la qualité de ses ingénieurs et techniciens et de celle du service fourni à ses clients. C'est la continuité de ce service, sa fiabilité, la garantie d'une réelle sécurité en bout de réseau qui font in fine la différence entre les entreprises sur le marché et non, la forme de leur organisation. La leçon peut être méditée dans le secteur des industries aérospatiales où il ne saurait être question de sacrifier le potentiel scientifique qui fît le succès actuel de la filière spatiale française.

29. Cela dit, que l'on me permette une incursion dans le secteur des télécommunications pour souligner, en un troisième enseignement, les difficultés d'une ouverture réelle, lorsque celle-ci est souhaitable et le risque de récupération des bénéfices d'une situation concurrentielle au profit des opérateurs historiques. Les incertitudes actuelles du marché de l'accès haut débit encore appelé « large bande » en fournissent une illustration pertinente, dont on aurait tort de penser qu'elle ne concerne que les télécommunications filaires.

30. Avec le développement des usages du Réseau Internet, les conditions d'accès au réseau revêtent une importance déterminante. Les études réalisées par l'Association française des fournisseurs d'accès montre pour la seule année 1999 une croissance très significative du volume du marché de l'accès,

en nombre tant d'abonnés que d'heures de connexion[6]. Le marché de l'accès croît également en valeur puisque dès l'année 2000, l'on estime le chiffre d'affaires des communications d'accès à 4 milliards de francs sur la base d'un volume de trafic de l'ordre de 25 milliards de minutes, soit une croissance de 100% par rapport à l'année précédente[7].

Pourtant, cette évolution dont on peut souhaiter la poursuite par ses effets très favorables sur de nombreux plans, notamment économiques, techniques et industriels, se heurte au problème de l'accès à haut débit. Celui-ci peut être posé en des termes qui restent dépourvus d'ambiguïté. Il est impératif, si l'on veut un développement rapide des usages du réseau Internet, que les utilisateurs disposent d'un accès à haut débit, sauf à poser d'autres prémisses et à soutenir que le développement du haut débit implique une « *éducation* » préalable de l'internaute par la généralisation des accès bas-débit[8]. Or, l'accès à haut débit implique le déploiement d'infrastructures ou la mise en place de solutions techniques alternatives, qui ne sont pas immédiatement disponibles et ne le seront peut-être pas à moyen terme. Les difficultés rencontrées par la mise en œuvre d'une option de dégroupage de la paire de cuivre sont là pour le montrer.

Les agents économiques concernés (opérateurs de télécommunications, fournisseurs d'accès, transporteurs de données) ont donc cherché à prendre en compte cette difficulté majeure sur un marché ouvert, en adaptant l'économie de leurs relations pour satisfaire une demande réelle d'accès à haut débit à des conditions financières de plus en plus avantageuses pour les utilisateurs. Mais la situation s'est tendue avec l'apparition sur le marché français d'offres d'accès gratuit ou forfaitaire, particulièrement attractives.

31. On peut ainsi dérouler cinq étapes d'un long martyrologue[9] :

- *Première étape*, le constat. Le marché français de l'accès au réseau Internet est dominé par l'opérateur historique, France Télécom, qui en contrôle tous les segments (réseau local, lignes louées, fourniture d'accès, service en ligne, édition de programmes). Le nouveau contexte réglementaire français issu de la loi de réglementation des télécommunications du 26 juillet 1996 a certes favorisé l'apparition de concurrents, mais dans le cadre de stratégies de niches, qui conduisent à une segmentation du marché face à la logique généraliste de France Télécom. La tendance d'évolution du marché de l'accès au réseau Internet

---

[6] Ces chiffres sont d'autant plus significatifs que la France accuse un certain retard sur les autres pays comme le fait observer le Rapport Abramatic (J.F. Abramatic, « *Développement technique de l'Internet* », juin 1999).

[7] Estimation faite par S. Geron et I. Malfait, in « *L'accès à Internet* », ART, janvier 2000.

[8] Encore peut-on souhaiter qu'il s'agisse de forfaits illimités bas-débit. Sur ce sujet, voir notamment Steve Case, « *Pour l'Internet illimité* », Le Monde, 9 novembre 2001.

[9] Pour une analyse détaillée de ce processus, voir notamment nos observations, in *"L'accès au réseau Internet – Aspects juridiques et financier"*, Journées Magistère Juriscope, Poitiers, 16 mars 2001 et in « *Lamy Droit de l'informatique et des réseaux* », Editions Lamy, 16ème édition, Paris, 2002 (Michel Vivant, Christian Le Stanc, Lucien Rapp et Michel Guibal).

est toutefois à l'apparition d'acteurs globaux qui maîtrisent tous les composants du marché (tarifs de communication, coût de l'interconnexion, montant des abonnements).

- *Deuxième étape*, les tentations. Pour tenter de rééquilibrer le marché de l'accès au réseau Internet, l'ART cherche à mettre en place de solutions techniques alternatives (Boucle locale radio, Réseaux câbles, Internet par satellites). Toutefois, aucune de ces solutions n'est susceptible de proposer rapidement une alternative crédible au réseau téléphonique. Outre le fait que le marché est orienté vers une clientèle à forte consommation de débits, les mobiles sont durablement positionné sur la marché du bas-débit, les satellites souffrent de l'insuffisance de la voie de retour, le câble est limité dans son déploiement géographique, les réseaux alternatifs sont développés dans des zones à forte densité démographique. Raisonnant à court terme, l'ART fait alors, volontairement ou non, le choix par défaut du réseau téléphonique. Ce choix est conforté par la certitude que le développement de la demande entraînera celui de l'offre et accélèrera l'apparition des technologies alternatives.

- Vient la *troisième étape*, celle du piège. Le choix par défaut du réseau téléphonique provoque la mise en place de stratégies commerciales empiriques. France Télécom cherche à réduire l'influence de ses concurrents, en saisissant notamment l'opportunité de sa politique de rééquilibrage tarifaire. Ses concurrents s'efforcent de tirer parti des insuffisances du régime de l'interconnexion (interconnexion indirecte) et des opportunités de la numérotation (0860). L'ADSL devient un champ d'affrontement et fait l'objet de surenchères.

- *Quatrième étape*, les arroseurs sont arrosés. L'ART et le Conseil de la concurrence saisis de litige vont rendre des arbitrages dont la portée est loin d'être négligeable. Ce sont tout d'abord les arbitrages historiques concernant notamment l'Internet sur le câble, puis les arbitrages relatifs aux offres de France Télécom sur l'ADSL. Très rapidement, l'ART et le Conseil de la concurrence sont saisis de nouvelles demandes d'arbitrage concernant l'interconnexion qui révèlent les limites de l'efficacité de leurs prérogatives et mettent en cause leur légitimité.

- *Cinquième et dernière étape* : le piège se referme. Le débat s'enlise et l'économie des conditions d'accès au réseau Internet se fige autour du réseau téléphonique. Une telle orientation, si elle se maintient, pourrait avoir pour conséquence d'établir définitivement la domination de France Télécom sur ses concurrents (nous ne sommes pas loin de cette situation) et de reporter dans le temps la dé-monopolisation effective de la boucle locale (faut-il s'étonner que cinq conventions de dégroupage aient été signées à ce jour, alors que l'on comptait quarante-huit opérateurs intéressés, un an plus tôt). C'est à terme le choix du *« tout fixe »* qui est fait et la condamnation par anticipation de l'alternative mobile aux réseaux fixes sur laquelle on avait pourtant fondé tant d'espoirs au cours de l'année 1999.

32. On fera observer que pour que la démonstration soit convaincante dans la perspective du sujet traité, il faudrait encore que les préoccupation relatives aux activités spatiales reviennent dans son champ. Elles y sont totalement.

Tel est bien l'épilogue du récit que l'on vient de faire.

- En butte à la mauvaise volonté de France Télécom, l'ART n'a d'autre issue que celle du bras de fer. Les décisions de condamnation se succèdent ; dernièrement, les décisions rendues les 5 octobre 2001, 7 novembre 2001 et surtout 21 décembre 2001, à l'initiative des opérateurs Magic-On-line, Freeserve et UPC. Derrière elles, les sanctions pleuvent, de plus en plus sévères : une amende de 5 millions d'euros prononcée par décision du 9 janvier 2002 pour manquement à l'exécution d'une décision de règlement de différend. Mais ce combat peut-il être sérieusement livré par l'ART ? La loi l'a-t-elle dotée des moyens juridiques de cette ambition-là ? Ils ne sont pas moins de deux experts en situation, le directeur des services juridiques de l'ART avant son départ et le directeur des services de la Commission de Régulation de l'Electricité, à confier leur doute sur l'efficacité de cette stratégie dans un numéro spécial de l'Actualité Juridique Droit Administratif[10]. Le premier[11] souligne à juste titre la nécessité de *« s'interroger sur l'adéquation de cet outil juridique aux finalités d'une régulation sectorielle dynamique, notamment au regard de la pluralité des moyens d'action dont dispose l'ART pour l'accomplissement de sa mission »*. Le second[12] écartant un risque d'enlisement, construit trois scénarii dont deux aboutissent à une dépossession du pouvoir de sanction de l'organe de régulation au profit du juge ou d'une autorité européenne, pendant que le troisième *« souhaitable plus certain, passe par une stabilisation des règles procédurales, une meilleure insertion de la sanction dans la définition des règles de régulation pour rendre plus compréhensible ses motifs et acceptable sa survenance et une responsabilisation de ses auteurs »*. Au-delà de ces considérations, quel peut être l'avenir d'une telle stratégie dans le contexte institutionnel d'un opérateur dont l'État détient le contrôle (54%), cependant qu'une partie de son capital est coté ? Le débat ne risque-t-il pas d'être biaisé, entre l'organe de régulation et l'opérateur historique, le premier condamné à se prévaloir d'une indépendance qui peut à tout moment lui être chichement comptée, dès lors qu'il s'agit d'une autorité administrative, pendant que le second aura toujours beau jeu de mettre en avant ses liens avec l'État. Il n'est pas indifférent de

---

[10] AJDA numéro spécial, octobre 2001.

[11] Ivan Luben, « Le pouvoir de sanction de l'Autorité de Régulation des Télécommunications », op. cit. p.121

[12] Thierry Tuot, « Quel avenir pour le pouvoir de sanction des autorités administratives indépendantes ? », op. cit, p.135.

relever sur ce point, l 'attitude actuelle du Président de France Télécom, hier si favorable à l'émancipation de son entreprise et qui est aujourd'hui le seul dirigeant d'industrie de réseau à affirmer que la privatisation de son entreprise n'est pas à l'ordre du jour[13]. Nous sommes ici au cœur des préoccupations de la régulation, celle de l'organisation de l'intervention de l'État, de ses formes autant que de ses freins.

• Mais plus significatif encore : la stratégie précédemment décrite a aujourd'hui pour conséquence inattendue, de favoriser les initiatives de collectivités territoriales (régions, départements, communautés urbaines) dans la construction d'infrastructures d'accès haut-débit, dont elles anticipent, sans doute avec raison, qu'elles pourraient jouer un rôle majeur dans leurs politiques d'industrialisation ou de désenclavement[14]. Introduit par la loi du 25 juin 1999[15], il y a tout juste deux ans, l'article L1511-6 du Code général des Collectivités territoriales a fait l'objet d'une réforme majeure l'été dernier, par la loi du 17 juillet 2001[16] qui en a assoupli sensiblement les dispositions. Elles étendent les conditions dans lesquelles les collectivités locales ou leurs établissements publics de regroupement peuvent procéder au déploiement d'infrastructure de télécommunications destinées à supporter des réseaux ou services de télécommunications. C'est ainsi que dans la nouvelle rédaction, comparée à l'ancienne, on relève qu'il leur suffit désormais de procéder par voie de consultation publique, dont on peut penser qu'elle se déroulera dans des conditions identiques qu'à celles requises dans les procédures d'expropriation. De toute évidence, le législateur n'a pas souhaité reproduire l'exigence antérieure de preuve de la carence de l'initiative privée imposée par la jurisprudence du Conseil d'État[17], qui soulevait tant de difficultés pratiques. Leur font écho les dispositions du nouveau Code des marchés publics, en vigueur depuis le 9 septembre dernier, qui évoquent expressément aux articles 82 et suivants, la mise à disposition d'infrastructures de réseaux de télécommunications par les collectivités territoriales. Et si l'on peut avancer que les initiatives locales dont il s'agit sont imputables à l'insuffisance - quand il ne s'agit pas de carence -

---

[13] Le Monde du 24 janvier 2002, p.20. Dossier « Entreprises – Déréglementation ».

[14] Le phénomène n'est pas propre à la France ou à l'Europe. On le retrouve aux Etats-Unis voir par exemple, le cas de la ville d'Evanston dans l'Illinois, Business Week, 8 octobre 2001, p.60.

[15] Loi n°99-533 du 25 juin d'orientation pour l'aménagement et le développement durable du territoire et portant modification de la loi n°95-115 du 4 février 1995 d'orientation pour l'aménagement et le développement du territoire (JORF, 29 juin 1999, p.9515).

[16] Loi n°2001-624 portant diverses dispositions d'ordre social éducatif et culturel, JORF, 18 juillet 2001, p.11502.

[17] CE, 30 mai 1930, Chambre de commerce en détail de Nevers, S.1931, III, p.73, concl. Josse, récemment appliqué au secteur des télécommunications, TA Nancy, 18 mars 1999, Communauté urbaine du Grand Nancy LDPA mai et juin 1999. Sur l'ensemble de cette question, voir notamment, Marie Yvonne Benjamin, *« Collectivités locales et télécommunications. Pouvoirs et obligations des collectivités »*, DA juin 1999, p.8. Voir également, Katia Duhamel, *« Les collectivités locales et les télécommunications, Initiatives, droit et contrats »*, Editions locales de France et Imprimerie Nationale Editions, Paris, 1999, Préface de Bruno Lasserre.

des opérateurs existants, qu'ils soient historique ou nouveaux entrants, on ne peut sans une très grande ingénuité soutenir que l'on avait espéré que l'opérateur historique participe à la réduction de son influence sur le marché, en ouvrant très largement le marché local des télécommunications. Une chose est certaine : ne pouvait-on pas imaginer une autre attitude des pouvoirs publics nationaux que celle qui a consisté à laisser la concurrence se vider de son intérêt, au profit d'une situation de monopole de fait. Il est ainsi logique et sans doute souhaitable que les collectivités locales viennent sur le devant de la scène, compenser les insuffisance de l'État régulateur, par leurs propres initiatives, même si elles sont maladroites ou désordonnées. C'est paradoxalement de ces initiatives, conduites parallèlement avec celles de la Commission des Communautés européennes, que l'on peut espérer l'ouverture à la concurrence du marché local des activités de télécommunications. Paradoxalement en effet, si l'on songe que la politique de déréglementation n'aura peut-être jamais eu que ce seul résultat, d'avoir permis de chasser l'Etat par la porte pour permettre aux collectivités locales d'entrer par la fenêtre.

33. Prétendrait-on qu'il s'agit là de situations exceptionnelles, que l'on pourra revenir à l'exemple des conditions d'attribution des licences de téléphonie mobile de troisième génération[18]. Il confirme l'influence toujours très présente des règles du droit public dans le champ de l'économie et de la régulation et la plasticité de ses règles. On n'a sans doute pas fini de commenter les décisions rendues par la Conseil constitutionnel sur les deux dernières lois de finance[19]. Elles sont rédigées de façon rigoureusement complémentaire, ce qui tendrait à prouver qu'elles ne sont pas l'effet d'un hasard circonstanciel. S'il y est rappelé dans l'une comme dans l'autre que *« l'utilisation des fréquences sur le territoire de la République constitue un mode d'occupation privatif du domaine public de l'État »*[20], il y est aussi apporté des précisions d'autant plus significatives pour les publicistes, qu'elles sont contradictoires avec le régime traditionnel des occupations privatives du domaine public. La première juge que *« la délivrance de l'autorisation ouvre, pour une période de quinze ans, le droit d'occupation des fréquences »* et *« qu'elle confère ainsi à son bénéficiaire, dès son*

---

[18] Sur ces conditions, voir notamment, Elie Cohen et Michel Mongeot, *« Enchères et gestion publique »*, La Documentation française, 2001.

[19] Décisions n°2000-442 DC du 28 décembre 2000 et n°2001-456 du 27 décembre 2001. Sur ces décisions, voir notamment, Jean Dufau, *« Le domaine public hertzien : un concept juridiquement contestable »*, Le Moniteur des Travaux Publics, 9 mars 2001, p.96 ; Christian Nzaloussou, *« A propos des redevances d'utilisation des fréquences UMTS en France (la décision du Conseil constitutionnel du 28 décembre 2000 relative à la loi de finance pour 2001) »*, Revue Internationale de Droit économique, 2001-2, p.225 ; Claire Estryn et Claudine Guerrier, *«Le spectre des fréquences radioélectriques, bien public ou bien commercial »*, Les Petites Affiches, 12 juillet 2001, n°138, p.11.

[20] Ce qui n'est que le prolongement des qualifications retenues par les lois du 17 janvier 1989 et 26 juillet 1996.

intervention, un avantage valorisable », ce qui va à l'encontre du principe de la non-patrimonialisation des autorisations d'occupation privative du domaine public, par nature précaires et révocables. La seconde admet que les redevances d'occupation de l'espace hertzien puissent être *« fonction du chiffre d'affaires réalisé par l'occupant »*, ce qui constitue une interprétation pour le moins extensive du principe selon lequel le montant des droits payés par l'occupant est fonction des avantages qu'il retire du domaine public[21].

34. En deux décisions, s'est ainsi mis en place un statut original, pour une large part dérogatoire, de l'occupation de l'espace hertzien. Il est le seul compatible avec les nécessités de l'exploitation bénéficiaires de réseaux coûteux en capital et aléatoires en retours sur investissement : l'autorisation est garantie pour une durée de 15 ans et les prélèvements de l'Etat propriétaire, plafonnés dans leur montant.

La qualification de dépendance domaniale retenue pour la première fois dans l'histoire du régime du spectre[22], par la loi du 17 janvier 1989 avait pu paraître contestable au regard des principes traditionnels de l'occupation privative du domaine public[23]. L'article 714 du Code civil n'offrait-il pas l'avantage du régime très libéral des *« chose communes »*, dont on aurait pu tirer une pratique de l'occupation de l'espace hertzien, très comparable à celle de l'espace aérien[24]. Des autorisations d'usage à contenu variable auraient ainsi pu être accordées aux opérateurs sur le modèle des libertés de l'air, selon des modalités qui auraient pu concrétiser les constructions les plus élaborées que l'on entreprend aujourd'hui pour faire face à une situation de blocage juridique et institutionnel[25].

35. Si l'on assouplit le régime du spectre radio-électrique pour en rendre les conditions d'occupation compatibles avec les exigences de son exploitation commerciale, plus rien ne s'oppose alors à ce que l'on maintienne ce régime juridique de droit public. En autorisant expressément la valorisation du spectre des fréquences et implicitement aussi, sa commercialisation, le Conseil constitutionnel en a fait ainsi l'égal des régimes très libéraux, souvent donnés en exemple, d'Australie et de Nouvelle Zélande ; régime égal, sinon supérieur puisqu'il garantit, en outre, la protection des intérêts légitimes de l'État (intérêt général, sécurité intérieure, ordre public) .

---

[21] CE 2 juillet 1999, Compagnie financière et industrielle des autoroutes, req n°189412.

[22] Roland Drago, « Nature juridique de l'espace hertzien », in Mélanges de Juglart, 1986, p.363.

[23] Voir notamment la controverse entre Didier Truchet et Betrand Delcros, in RFDA 1989, p.251 et Christian Lavialle, Droit administratif des biens, 1996, p.64, qui évoque « le paradoxal domaine hertzien ».

[24] Voir notamment nos observations in « Le Régime juridique des installations terminales de réception d'émission diffusées par satellites de télécommunications », Bulletin de l'IDATE, 1988, n°34, p.26 et in « Radiocommunications par satellites et régime juridique du spectre hertzien en France », Le Communicateur, Automne 1990, p.111.

[25] Voir notamment, Elie Noam, « Beyond spectrium auction. Taking the nexte step to open spectrum access » Telecommunications Policy 1997, n°5, p.361, pour lequel il faut libéraliser complètement le régime de l'espace hertzien et introduire un système au moyen de jetons qui ouvriraient un droit d'usage temporaire et cessible.

36. On a par là-même confirmation de ce que le secteur des industries spatiales est très accessible aux exigences de l'économie, en offrant un cadre approprié à la régulation. Pour tout dire, il est lui-même, quand il n'a pas toujours été, marqué par la recherche des équilibres entre l'intérêt général et les intérêts particuliers autant que par la recherche de la bonne gouvernance des industries concernées dans le respect de leur économie[26].

Il lui faut prendre cette ouverture à la concurrence comme une opportunité de progrès par la transformation de son statut et du cadre juridique de ses activités ; un peu comme ces *« rivages »*, dans la magnifique formule d'André Gide, qu'il faut accepter de *« perdre de vue »* pour *« découvrir de nouveaux pays ». « Pendant très longtemps »* ajoute-t-il. Très longtemps seulement !

---

[26] Sur ce point, voir notamment nos observations, in *« Les Nouvelles Régulations Economiques »*, AJDA 20 juin 2001, p.560.

LA PRIVATISATION DES ACTIVITES SPATIALES
LE POINT DE VUE DES LANCEURS

par

Raymond PHAN VAN PHI

Directeur général honoraire de la Commission européenne
Conseiller auprès de la direction générale d'Arianespace

Je dois indiquer d'abord que je ne me considère pas comme « porte-parole autorisé » de l'Entreprise ARIANESPACE, où je ne suis qu'un « conseiller » (pour les affaires européennes et internationales)... Mais j'essaierai de refléter ce que je crois être une analyse généralement partagée.

A l'origine, mon ami Paul Zermati, Chef du Service Juridique Arianespace devait faire cette intervention devant vous. Il en est empêché, en mission de négociation au ...Brésil. Lui, est un *vrai juriste* et un porte-parole officiel...

« Privatisation » : (Dictionnaire Robert) : « action de privatiser son résultat ; Contraire : Étatiser. »

« *Privatiser* » : « Confier au secteur privé une activité relevant jusqu'alors du secteur public ».

Si vous le voulez bien, je vais utiliser cette « pierre de touche » pour passer en revue, *non pas uniquement les services de lancement, mais l'ensemble des activités spatiales.*

Mon sentiment d'ensemble est que :

- Si un certain nombre d'activités dans l'ensemble du spectre, telles que la fabrication des satellites, et leur opération (sauf les applications militaires) peuvent être exercées par des industries ou entreprises privées,

- Par contre, les services de lancement, au sens large, depuis la R et D jusqu'à la mise en œuvre des lanceurs et le contrôle et la gestion des bases de lancement restent et doivent rester, pour une multitude de raisons, sous un contrôle ou une intervention de l'Etat.

I
CERTAINES ACTIVITES, DONT LE CHAMP VARIE SELON LES SYSTEMES ECONOMIQUES ET LES REGIMES POLITIQUES, SONT EN FAIT DEJA ENTRE LES MAINS D'ENTREPRISES PRIVEES. POUR L'ESSENTIEL, IL S'AGIT :

- de la plupart des services de télécommunications. Dans la plupart des pays du « monde occidental » ces services sont privés ou ont été privatisés (ex BT, DT, France Télécom, ou encore SES, Eutelsat, Intelsat, etc),
- dans un certain nombre de cas cependant, on peut trouver des capitaux étatiques participant à tel ou tel opérateur (ex. Malaysia-Telecom, ou Satmex, Eurasiasat, ou encore Tsing Hua Telecom) ; est-on encore en présence *d'entreprises privées* ?
- pour les activités d'observation de la Terre, on peut trouver des entreprises privées (ex SPOT Images qui vend ses photos prises de satellite), mais on arrive vite à la frontière des activités de nature « sensible » telles que l'observation militaire ;
- la localisation/aide à la navigation : on se trouve en présence également d'activités à la frontière entre public (système GPS opéré par la US Navy) et des activités pouvant être confiées à des opérateurs privés (comme l'atteste l'épisode récent des démarches pressantes du Pentagone auprès des Ministres de la Défense Européens à propos du projet Galileo) ;
- enfin, la plupart des activités de fabrication de satellites sont (sous réserve du respect des règles et procédures de sécurité/Défense) entre les mains d'entreprises privées.

II
A L'AUTRE BOUT DU SPECTRE, SI L'ON PEUT DIRE, LE CONTROLE ET LA GESTION DES BASES DE LANCEMENT RESTE ACTUELLEMENT ENTRE LES MAINS DE L'ETAT.

A ma connaissance , toutes les bases de lancement dans le monde (ou en tout cas les plus importantes) sont sous contrôle de l'Etat.

Qu'il s'agisse des :
- bases Américaines, qui sont sous l'autorité de la US Air Force ;
- des bases Russes, qui sont sous l'autorité des « Forces Stratégiques » ;

- de la base indienne de SRIHARICOTA, placée sous l'autorité de la « Indian Space Research Organisation », qui dépend du Space Department placé sous l'autorité du Premier Ministre ;
- des bases chinoises (Xi Jiang) ou japonaise (Tanegashima) placées sous le contrôle des Agences Spatiales Nationales ;
- ou enfin du Centre Spatial Guyanais, contrôlé par le CNES et protégé par la Gendarmerie et l'Armée française (la Guyane est le seul Département Français où sont cantonnés *deux* régiments, un d'Infanterie Coloniale et un de Légion Etrangère) ;
- la seule exception que je connaisse est la base de lancement de « Sea Launch », entreprise conjointe Américano-Norvégo-Russe opérant depuis le Pacifique, dans les parages des Îles KIRIBATI, mais là encore, si juridiquement la base est à caractère privé, le Gouvernement Américain a accepté indirectement la responsabilité pour d'éventuels dommages aux tiers en tant qu' « Etat de lancement » selon les termes de la Convention des Nations Unies sur la responsabilité en cas de dommages causés aux tiers.

Dans ce contexte, les Conventions des Nations Unies sur :
- l'exploration et l'utilisation de l'Espace extra-atmosphérique (19/12/1966, entrée en vigueur le 11/10/67)
- le sauvetage des astronautes leur retour et la restitution des objets lancés dans l'Espace (19/12/1967, entrée en vigueur le 3/12/68) ;
- la responsabilité internationale pour les dommages causés par des objets spatiaux (29/11/1971, entrée en vigueur le 1/9/72);
- l'enregistrement d'objets lancés dans l'Espace (12/11/1974, entrée en vigueur le15/9/76) ;
- et enfin les activités des Etats sur la Lune et autres corps célestes,

méritent d'être rappelées ici, car elles représentent autant de cas d'intervention des États dans les affaires spatiales.

III

ENFIN, DANS LE DOMAINE DU DEVELOPPEMENT ET DE L'EXPLOITATION DES LANCEURS, L'INTERVENTION DES ETATS EST PREPONDERANTE MAIS ON POURRAIT IMAGINER QU'ON S'ACHEMINE VERS UN « POINT D'EQUILIBRE » OU EN FAIT ON ASSISTERAIT A UN PARTENARIAT PUBLIC / PRIVE.

Les facteurs spécifiques dans ce secteur sont bien connus :
- Importance et risques des investissements nécessaires au développement d'un modèle de lanceur (de 7 à 10 ans pour développer un nouveau modèle , et le développement d'Ariane 5 a pris en gros 10 ans et coûté 35 milliards Euros) ;
- Priorité des considérations politico-stratégiques : la maîtrise d'un lanceur (ce fut le cas pour Ariane dès le départ) représente la garantie de *l'autonomie*

d'accès à l'Espace (épisode des premiers lancements de satellites Européens par les Etats-Unis) ;
- Considérations militaro-stratégiques (autonomie, non plus de l'*accès* à l'Espace, mais de son utilisation pour des usages militaires) ;
- Enfin, bénéfices des *« retombées »* du Spatial et de ces technologies (cas du mélangeur à poudre pour le mixage du béton, ou encore du détonateur pour le déclenchement des airbags) dans le domaine industriel.

En fait, dans ce domaine, les relations Etat - Industrie sont nuancées pour ne pas dire ambiguës.
- D'un côté les industries ont besoin de l'Etat, de son intervention sur le plan juridique et réglementaire, comme sur le plan diplomatique et conventionnel ; l'État, les États doivent intervenir pour financer les recherche/développement (je tiens à votre disposition les montants investis par les Autorités Américaines, NASA, Pentagone, etc ; sous forme de contrats de recherche ou de commandes, y compris de commandes pour des lancements de lanceurs *futurs qui n'existent pas encore*, sans parler d'autres moyens tels que la sous –facturation des coûts d'utilisation des pas de tir) ;
- En sens inverse l'Etat, en confiant le lancement d'un de ses satellites à un lanceur, est lui aussi intéressé à des économies en termes de coûts de lancements ; à cet égard, les projets de « constellations (ex Iridium comportait 70 satellites, et le projet de Bill Gates « Teledesic » ambitionnait … 800 satellites, et les économies d'échelle que ce nombre de lancements aurait permis auraient évidemment bénéficié aux gouvernements en tant que clients…).

L'abandon (commercial) des constellations (pour le moment), la crise des télécommunications (les « nouvelles applications » tardent à se matérialiser, au moins commercialement), la crise des assurances après les évènements du 11 septembre, ont eu pour effet de rétrécir drastiquement le marché des lancements commerciaux.

L'équilibre économique de l'exploitation commerciale des lancements en est remis en question.

On peut dès lors se demander si l'on ne serait pas à l'orée d'une nouvelle phase de « partenariat entre Etat et industries », rendant le débat sur la « privatisation » peut-être un peu théorique…

PRIVATISATION OF THE INTERGOVERNMENTAL SATELLITE ORGANIZATIONS

by

David SAGAR

Former Senior Attorney, Inmarsat

1. Background

1. Why were the international satellite organizations (ISOs) established and what purposes were they intended to serve ?. When the space age started to gain momentum in the 1960's, State-sponsored military, research and scientific activities were dominant. However, the commercial use of space was foreseen from an early stage, initially for the provision of telecommunications. The United Nations General Assembly adopted Resolution 1721 (XVI) on 20 December 1961 on "International Co-operation in the Peaceful Uses of Outer Space" which identified telecommunications by satellite as an important benefit and hoped "that communications by satellites should be available to the nations of the world as soon as practicable on a global and non-discriminatory basis" .

2. The UN's expectations were ultimately met by the creation of INTELSAT, INMARSAT, EUTELSAT INTERSPUTNIK, ARABSAT and also some national systems with a regional coverage. At that time, telecommunications were, with the exception of the United States, regarded as a public service to be provided by government, and to be operated in a monopoly environment. Furthermore, the commercial utilization of space technology was conceivable only through governments or intergovernmental agencies, because of the need for government funding of the huge capital expenditure involved in establishing a satellite system, as well as strategic issues. This led to the establishment of the ISOs, enabling Governments to maintain control over public global or regional services, rather than entrusting such services to the private sector .

3. The 1980s and 1990s saw a rapid increase in the commercialisation of space activities, as well as a basic change in the regulatory environment and

role of the private sector. This has led to privatisation or restructuring of a number of the ISOs. In order to explain the significance of the privatisations, this paper first outlines the background and purposes of ISOs and the contribution they have made to the commercialisation of space, as well as the factors that led to their privatisation.

2. The Trend Towards the Commercialisation of Space

4. The commercial benefits to be derived from space activities were recognized from an early stage. Since the early 1980s, there has been a phenomenal growth of private sector participation and investment in space activities, and space has ceased to be the concern only of governments or ISOs [1].

5. Global commercial space activity is now among the largest industries in the world, with massive global revenues and providing employment for over a million people in infrastructure, telecommunications, applications and support services[2].

6. The main commercial space activities are :

* *satellite communications* comprising geostationary (GEO) satellites for television, telephony, high-rate data services and rural applications, and also low earth orbit (LEO) and medium earth orbit (MEO) systems for mobile telephony and multimedia applications [3];

* *the satellite launch market* which is a rapidly growing private sector industry[4];

* *remote-sensing satellites* for both public sector and many commercial applications including real estate, farming, environmental, forestry and others[5];

* *navigation satellites*: the US Global Positioning System (GPS), in particular, is already in extensive use by the private sector for aeronautical, maritime and land based navigation, geodesy, forestry and agriculture[6];

---

[1] *Report of the Third United Nations Conference on the Exploration and Peaceful Uses of Outer Space (UNISPACE III)*, Vienna, 19-30 July 1999, A/CONF.184/6, (hereafter *"UNISPACE III Report")*, paragraph 459.

[2] *State of the Space Industry 1999*, prepared by Space Publications, in collaboration with the International Space Business Council (hereafter *"State")*, pp. 5-13.

[3] *"State"* (supra note 2), pp. 37-49, and *UNISPACE III Report* (supra note 1), A/CONF.184/6, paragraphs 162-176; also Sa'id Mosteshar, *Development of the Regime for the Low Earth Orbit and the Geostationary Orbit,* in "Outlook on Space Law over the Next 30 Years" (1997) Eds. G Lafferranderie and D Crowther, Kluwer Law International (hereafter *"Outlook")* p.81.

[4] *"State"* (supra note 2), pp.33-35, and H P van Fenema, *Expanding Global Launch Services,* Discussion Paper for the "Workshop on Space Law in the 21st Century", held at Unispace III, Vienna, 20-24 July 1999 coordinated by the International Institute of Space Law (hereafter *"IISL Vienna Workshop").*

[5] *"State"* (supra note 2), at pp 50-52, and *Legal Framework for Commercial Remote Sensing Activities*, Proceedings of the Project 2001 - Workshop on Legal Remote Sensing Issues, 28 October 1998, Toulouse, organized by the Institute of Air and Space Law of the University of Cologne; also Section 10, *Remote Sensing, "Outlook"*, (supra note 3), pp 333-360.

7. These privatised space activities have given rise to certain questions concerning the protection of the continued right of access to the satellite telecommunications systems by individuals in all nations, as a public service, and also as to the adequacy of space law for meeting the commercial needs of the industry.

8. The commercialisation of space by the private sector has been broadly supported by Governments and their space agencies, which no longer consider that activities involving commercial markets and the supply of services to customers are activities requiring government involvement.

3. The Intergovernmental Satellite Organizations (ISOs)

9. *The International Telecommunications Satellite Organization (Intelsat)* was the first ISO to be established, in 1964, and its membership at the time of privatisation in 2001 stood at 147. Its purpose was to establish a global satellite communications system for international and domestic television, telephone and data communications services. In 1965 it launched the world's first commercial communications satellites. In 1969 it provided the first live global television broadcast of the Apollo moon landing. It now offers Internet, broadcast, telephony and corporate communications services to service providers in more than 200 countries and territories. This includes the provision of "lifeline" connectivities to over 60 countries that have no alternative systems. When you watch a World Cup match, an earthquake rescue operation, or speak to a friend far away, you could well be using Intelsat[7] .

10.*International Organization of Space Communications (INTERSPUTNIK)* was founded in 1971 to provide satellite communications. Its initial establishment was politically-motivated, as a counterbalance to Intelsat, which was then mainly dominated by the USA, and of which the USSR was not a member. Its original membership of 9 Socialist States has now expanded to 23 States from many regions. The system provides telephone, television and data communications for international, domestic and regional services[8].

---

[6] "*Space*" (supra note 2), p. 53, and "*UNISPACE III Report*" (supra note 1), paragraphs 187-195; and P B Larsen, *Expanding Global Navigation Services,* Discussion Paper, "*IISL Vienna Workshop*" (supra note 4).

[7] Diane S Hinson, Intelsat General Counsel, *A New Intelsat for a New Millenium,* Paper presented to the Third ESA/ECSL Colloquium on International Organizations and Space Law-Their Role and Contributions, Perugia, Italy, 6-7 May 1999 (hereafter "*Perugia Colloquium*"), and published in the Proceedings of the Colloquium (SP-442, 3rd ECSL Colloquium), p.247; and Leo Millstein, Deputy General Counsel, Intelsat, *Intelsat Restructuring*, Outer Space, Newsletter of Committee Z of the International Bar Association Section on Business Law, Vol.2 No. 2, July 1999 (hereafter "*Outer Space*"), p.2.

[8] V, Veshchunov, Director, Legal and International Department, Intersputnik, *Legal Reforms of Intersputnik in the light of Commercialization of its Activity,* , and also *Transformation of Intersputnik Regulatory Basis at the Phase of Commercial Operation of its Space Segment,* Papers presented, respectively, at the "*Perugia Colloquium*" (supra note 7), Proceedings, p.77

11. *The International Maritime Satellite Organization (Inmarsat)* came into existence in 1979, primarily to provide commercial and safety communications services to ships. The worldwide shipping industry, led by the International Maritime Organization (IMO), had recognized that great improvements could be made in maritime safety through the use of the new satellite technology. Inmarsat (re-named *the International Mobile Satellite Organization)* extended it services to aeronautical and land-mobile communications. In 2000, the membership of the restructured Inmarsat intergovernmental organization reached 87 States[9].

12. *The European Telecommunications Satellite Organization (Eutelsat)* was established under a Convention and Operating Agreement in 1985. It was a regional organization whose prime objective was to provide international and domestic satellite public telecommunications services in Europe. In practice, it provides capacity for television, radio, multimedia including Internet, public telephony, data transmission and business services. It also applied the principle of non-discrimination in the provision of its services, and operated on a sound economic and financial basis. At the time of its privatisation in 2001, its membership stood at 47 States, including Eastern European and Central Asian States which joined after the break-up of the USSR[10].

13. *The European Meteorological Satellite Organization (Eumetsat),* with 17 European Member States, was set up under a Convention in 1986 to provide meteorological data services, rather than telecommunications, and was not subject to the same economic, competitive and regulatory environment as the other ISOs[11].

---

and at the *"IISL Vienna Workshop"* (supra note 4), and also *Reorganization of Eutelsat* in *Outer Space (*supra note 7), p.9.

[9] Doyle, *"INMARSAT": The International Maritime Satellite Organization - Origins and Structure," Journal of Space Law (hereafter "JSL"),* (1977) *Vol. 5* p.*45;);* N Jasentuliyana, *"The Establishment of an International Maritime Satellite System,"* Annals of Air and Space Law (*hereafter "Annals"),* (1977) Vol. II, p.323 Sondaal, "*The Current Situation in the Field of Maritime Communication Satellites: Inmarsat*" 8 "*JSL*" p.9 (1980); D. Sagar, *Inmarsat, "Annals"*, (1982), Vol.VII p. 505. . W. Von Noorden and P. Dann *Space Communications to Aircraft: A New Development in International Space Law,* Journal of Space Law (1987) Vol 15, p.147 and *Land Mobile Satellite Communications: A Further Development in International Space Law,* Journal of Space Law (1989) Vol 17 pp. 1 and 103; and D.Sagar, *Inmarsat:A New Beginning* in *Outer Space* (supra note 7), p.6.

[10] Christian Roisse, Eutelsat Legal Adviser, *Eutelsat and Space Law: Legal Considerations,* Paper presented to the "*Perugia Colloquium*" (supra note 7), Proceedings, p.63, and *The Roles of the International Organizations in the Privatization and Commercial Use of Space,* Discussion Paper presented to the "*IISL Vienna Workshop*" (supra note 4); and *Eutelsat Privatization* in *Outer Space* (supra note 7) p.4.

[11] Peter Hulsroj, Head of Contracts and Legal Affairs Division, Eumetsat, *Space Community, Space Law, Law,* Paper presented to the "*Perugia Colloquium*" (supra note 7), Proceedings, p. 69, and *The Roles of International Organizations in the Privatization and Commercial Use of Space,* Paper presented to the *"IISL Vienna Workshop"* (supra note 4), and Silvia Castaner & Rafael Roelandt, *Developments at Eumetsat* in *Outer Space* (supra note 7) p.11.

14. *The Arab Satellite Communications Organization (Arabsat)* was created in 1976, as another regional organization, to provide television and telecommunications services to the Arab nations[12].

15. *The European Space Agency (ESA)* is a regional European organization for space research and scientific purposes, but it differs in structure and purpose from the other ISOs mentioned[13].

16. The foregoing demonstrates that various motives led to the establishment of the ISOs, including a global intent to provide telecommunications and other services to the public and to undertake space research and experimentation, maintenance of intergovernmental control, political considerations, and regional, economic or cultural (including linguistic) factors). A wish to promote manufacturing and service industries in the member countries or regions concerned was another element.

4. Institutional Features of the ISOs

17. The ISOs had much in common, being an unusual mixture of public and private participation, combining the structure of a classic intergovernmental organization performing public services, with one which undertakes activities on a limited commercial basis[14].

18. The ISOs differed in some respects in their structures but, prior to their privatisations, Intelsat, Eutelsat and Inmarsat had similar features which are described here. The *membership* of the ISOs comprised Governments which were *Parties* to a Convention or other treaty, together with their designated national public or private telecommunications operators or Administrations (PTTs), which were the *Signatories* to an Operating Agreement.

19. The Conventions laid down the purposes of the Organizations, the functions of the governing bodies and the relationship between Parties and Signatories, while the Operating Agreements determined the principles which governed their commercial operations and provided for the financing of capital costs by the Signatories, their investment shares, liability for obligations and procedures for applying to utilize the system.

20. The *governing bodies* comprised an *Assembly* of Parties which oversaw the Organizations' activities. A *Board of Governors or a Council* took executive, management, operational and financial decisions, and a Directorate managed the system.

21. These ISOs acted like co-operatives in that Signatories financed the system in proportion to their investment shares, which were determined on

---

[12] C. Roisse, *The Roles of the International Organizations in the Privatization and Commercial Use of Space* (supra note 10).

[13] Gabriel Lafferranderie, *The European Space Agency and International Space Law,* Paper presented to the "*Perugia Colloquium*" (supra note 7), Proceedings, p. 19.

[14] D.Sagar, *The Privatization of Inmarsat*", Proceedings of the IISL 41st Colloquium on the Law of Outer Space (1998), pp.205-223, and C. Roisse, (supra note 12).

the basis of their individual utilization of the system. The largest Signatories participated in the management of the system through the Board or Council, with provision for geographical representation. These differed from a typical board of directors in size, and because voting was weighted according to investment shares.

22. Signatories also provided services in competition with each other, using space segment capacity obtained from the Organization at cost.

23. Other features common to these ISOs were:

- They operated on a sound economic basis in accordance with ordinary commercial principles, but on a cost-recovery and not a profit making basis;
- services were open to all nations on a non-discriminatory basis, and tariffs were the same for similar types of utilization;
- requests for access to the satellite capacity of the ISOs for provision of services in Member States could only be made by or through the national Signatories or with their approval;
- procurement policy was on an international competitive basis;
- intellectual property rights (IPR) generated at the Organization's expense was made available to Member states and their manufacturers, thereby benefiting industry and reducing the Organizations' costs;
- the ISOs benefited from privileges and immunities, in particular from tax exemptions in member States;
- in Intelsat and Inmarsat, there was a requirement to provide services in all areas of the world, without discrimination on the basis of nationality, irrespective of membership;
- the obligation to act for peaceful or non-military purposes;
- compliance with the ITU's international requirements as to the use of the frequency spectrum and orbital locations;
- limited protection from economic harm in the form of coordination requirements from competing systems in Member countries.

24. Whatever advantages the ISOs may have had, their structures also placed commercial handicaps on them by reason of restrictive tariff policies, their inability to raise capital externally, and cumbersome governance structures, among others. They were prevented from making full commercial use of IPR generated by them in the activities. The other ISOs that have not been privatised vary in their institutional structure but have some or other of the features described above.

5. Pressures for Change on the ISOs resulting from the evolving Telecommunications Environment

25. The favourable business and economic climate enjoyed by the ISOs during the 1970's and 1980's, sustained by their intergovernmental status, could not last. It began to wilt around 1990 in the face of a combination of technological and economic factors, causing ISOs to reappraise their structures and working practices to face the new environment[15]. These factors were:

- *evolution of space technology*, resulting in larger, more powerful satellites on the one hand, and smaller and cheaper user equipment, on the other; this led to many new, commercially-viable services including telecommunications, broadcasting, data, navigation, remote sensing and imagery, digital audio and global Internet access; new applications of wide consumer appeal included mobile-telephony, video teleconferencing, telecommuting, telemedicine, distance learning, corporate training, financial and weather information, as well as disaster relief and many others; the ISOs have played a major part in the expansion and commercialization of space activities through research and development programmes, financing new satellite systems, and providing new services and applications;

- the advent of *competing satellite systems;* on a global scale, these originally included Iridium, Globalstar and ICO Global Communications (ICO) providing mobile-telephony over (medium earth orbit) MEO satellites, and Skybridge and Teledesic providing Internet and other data services over (low earth orbit) LEO satellites. In addition, there are many national satellite systems such as US PanAmSat, the Australian Aussat and the Indonesian Palapa systems and Brazilsat, providing domestic services in those countries and nearby regions. Iridium and ICO have encountered serious financial difficulties in recent years, stemming partly from their inability to raise all of the large capital needed to launch and operate their systems. This shows that the large global consumer markets which were expected to utilize the systems are not so extensive as at first thought. Nevertheless, both the existing and the planned competitive systems have a serious affect on the risks associated with investment in the ISOs;

- *increasing privatization* of national telecommunications industries;

- *removal of competitive barriers* in the ISOs by regulators in the US, Europe and elsewhere; the European Commission, in particular, developed policies for changes in the ISOs, so as to permit direct access to satellite capacity by all potential users (rather than only through Signatories); decoupling of investment shares of Signatories from utilization of the system, cost-orientation of tariffs, and separation of regulatory and operational aspects;

---

[15] Supra, note 14.

- demands for *removal of tax and other privileges* and immunities to require the ISOs to compete on a "level-playing field" with other mobile satellite system operators; there was also a perception that the intergovernmental status of ISOs at the ITU gave them an unfair advantage in the sensitive area of radio frequency spectrum allocation;

- a need for a *normal corporate structure*, with limited liability for investors; a smaller, fiduciary Board of Directors, and ability to raise capital from the financial markets for the major new ventures which would be able to stand up to the competition;

- the wish of shareholders in some ISOs to *maximise the value of their investment* in the Organizations, which could mainly come about through public trading of their shares; they also wanted to be able to invest on a voluntary basis at levels of their own choosing, instead of on a mandatory basis in proportion to their investment shares.

26. These various factors created a climate or "fever" of privatisation, causing Intelsat, Inmarsat and Eutelsat to review their structures and working practices, as described below. Intersputnik and Eumetsat have also made structural changes, motivated by different considerations. In 1999, Inmarsat was the first ISO to privatise, followed by Eutelsat and Intelsat in July 2001.

6. The Privatization Processes

Inmarsat

27. Inmarsat's restructuring was completed on 15 April 1999. Over the nine years from 1990, the process underwent various phases ranging from proposals simply to modify the financial and governance structure, to the realization that full scale privatisation was necessary for Inmarsat's long-term financial viability[16].

28. It was necessary to reconcile widely differing policies of its Members. Many of the larger shareholders, with developed national telecommunications structures or privatised systems, wanted a private entity competing equally with other satellite system operators. Others, particularly smaller shareholders, developing countries and some former socialist states, wanted to retain the IGO structure, which they felt would enable them to

---

[16] A. Auckenthaler, *Recent Developments at Inmarsat,* Proceedings of the Thirty-EighthColloquium on the Law of Outer Space, 149 (1995) (an IISL Colloquium)and *"Annals"* (supra note 9), (1995) Vol. XX, p. 53, and D Sagar "*The Privatisation of Inmarsat*", supra note 14, and *The Privatisation of Inmarsat-Special Problems,* Paper presented to the *"Perugia Colloquium"* (supra note 7), and *The Restructuring of Inmarsat,* Paper presented to the *"IISL Vienna Workshop"* (supra note 4), and *Special Problems of Privatizing the International Mobile Satellite Organization*, "Annals" (supra note 9), (1999) Vol.XXIV, p.407. For a discussion of the topic of provisional application, which was used in order to expedite the implement the amendments to the Inmarsat Convention, see D Sagar *"Provisional Application in an International Organization"*, (1999) Vol. 27 No. 2 JSL (supra note 9).

retain a greater voice in the affairs and protect the continuation of Inmarsat's services in their territories.

29. In the mid 1990s, the reluctance of many of Inmarsat's large shareholders to invest further in Inmarsat under the existing structure led to the loss of a major satellite handheld communications market opportunity, known as Inmarsat-P in 1994. As a result, the separate and independent company, ICO Global Communications, was formed to provide such services. In 1996, an opportunity for investment in a global Inmarsat satellite navigation service was also declined.

30. From that time, it became clear that full scale privatisation would be the only option. A critical challenge for Inmarsat was how to restructure while retaining vital public service interests which were embedded in Inmarsat's Convention. Inmarsat's Parties insisted on guarantees that the Organization's *basic principles* would be maintained, namely:

- continued provision of services for the Global Maritime Distress and Safety System (GMDSS) set up by IMO; Inmarsat is at present the only system explicitly recognized in Safety of Life at Sea (SOLAS) Convention as provider of certain mandatory satellite safety communications services for ships; however, IMO is amending the Convention to enable other systems which conform to certain specified standards to provide GMDSS services;

- non-discriminatory access to services by users of all nations;

- service to all geographical areas where there is a need, including rural and remote areas;

- peaceful purposes;

- fair competition.

31. Other features required by Members were continued governmental oversight of the basic principles, broad ownership of the corporate entity, and participation by developing countries and small investors.

32. To effect the privatisation, wide-ranging amendments to the Inmarsat Convention and Operating Agreement were adopted to transform the Organization, with the following main features:

- The Inmarsat system was transferred to UK-based private holding and operating Companies, in which the former Signatories hold ordinary shares and have limited liability.

- The Companies' objects are to continue to provide global, regional and domestic satellite services, especially maritime, aeronautical and land mobile commercial services, and distress and safety and navigation services. In addition, the objects also include compliance with the *basic principles* referred to in paragraph 30.

- The Companies have no privileges and immunities.

• There is a fiduciary Board of 14 –15 Directors, three of whom come from developing countries or small States, with one independent Director.

• There will be a public listing of shares as soon as market conditions are favourable. This will enable new capital to be raised for future satellite systems and new services.

• The existing intergovernmental organization, the International Mobile Satellite Organization (IMSO) continues to exist, but its only purpose is to ensure that the Companies continue to meet the *basic principles,* and otherwise observe the Public Services Agreement mentioned below. It does not interfere in the general commercial business of the companies.

• A special feature of Inmarsat's restructuring is a contract, called the Public Services Agreement (PSA), signed between the IMSO and the Companies, enabling IMSO to oversee the Companies' performance of the basic principles and certain other obligations, particularly the listing of the holding compagny's shares on a stock exchange (an Initial Public Offering (IPO)), and compliance with ITU, IMO and ICAO regulatory standards. If necessary, IMSO may take enforcement action in the English courts. Although the PSA may be terminated by agreement among the parties, effectively it is expected to continue until such time as IMO confirms that there are alternative satellite systems providing the GMDSS services. This arrangement is unusual in that IMO, though not a party to the PSA, is named as the entity that ultimately decides whether its primary purpose has been fulfilled. The equivalent Intelsat and Eutelsat agreements do not have such a requirement

33. Various corporate, commercial and legal problems had to be resolved during the long restructuring process, including the following :

(a) Could the restructured Inmarsat be an *international public corporation (IPC)*? An IPC would be a corporate entity created by Member States under treaty or an amended convention, which would replicate most of the detailed provisions of the charter of a national company, including a fiduciary board of directors. This would have enabled Member governments to retain a greater measure of control over the organization's activities. However, the proposal foundered partly because it was not certain whether *limited liability* for the shareholders (the former Signatories) in a treaty-based organization would be recognized in municipal law. It was also uncertain whether an IPC would be an acceptable or sufficiently familiar form of corporate entity when it came to listing its shares on stock exchanges.

(b) Another important international law issue was to find an alternative procedure to the lengthy amendment process under the Inmarsat Convention and Operating Agreement, in order to implement the privatisation arrangements rapidly. The long delays normally involved in amending the Inmarsat Convention would have defeated the purpose of the privatisation. The procedure therefore used was that of *provisional application* of the amendments, in accordance with Article 25 of the Vienna Convention on the Law of Treaties. This was an innovative use of that procedure, and represents an evolution of public international law on the subject, opening the way for other organizations wishing to break free of the straitjacket of treaty law when making fundamental changes to their structures. The legal basis for the use of provisional application in this instance is analysed in an article referred to in end-note 16 to this paper.

Inmarsat's restructuring established a new form of constructive relationship between the private sector and governments as to the way in which space telecommunications are provided to the world community.

Intelsat

34. Intelsat's first competitive challenges came in the mid-1980's when the US regulatory authority, the Federal Communications Commission (FCC), allowed separate satellite systems to operate. As a result, PanAmSat and other systems offering telephone, video and other services now compete effectively against Intelsat. As consequence, Intelsat found that its intergovernmental advantages were outweighed by the handicaps, and that to ensure its future commercial viability, privatisation was needed to enable it compete fairly. As a first step, Intelsat created a Netherlands-based independent Company in 1998 (in which it retained a minority shareholding) called New Skies Satellites N.V., to provide direct broadcast and multimedia services.

35. A reason for accelerating the privatisation came in early 2000, when the US Congress passed "The Open-market Reorganization for the Betterment of International Telecommunications Act" (the ORBIT Act). This Act was the culmination of the US's strident efforts to privatise the ISOs. It effectively required both Inmarsat and Intelsat to complete their privatisation processes by a certain specified date in 2001. The declared purpose of the Act was to promote a fully competitive market for satellite communication services. This was a unilateral act by the US, inconsistent with its international treaty obligations under the Intelsat Agreement, which contained explicit provisions for amendments to the Agreement to be taken by the Intelsat Assembly. Inmarsat in fact completed its privatisation before the specified dates, but Intelsat had to consider what steps it might take vis-a-vis the US Party if was unable to complete its privatisation by that time. Full privatisation finally took place in July 2001 when a new US-based private company, Intelsat Limited was created and took over the Intelsat assets, system and operations.

36. A critical issue facing Intelsat was how to define and to continue "*lifeline connectivities*" to many developing countries that depend solely or primarily on Intelsat for their international services and in some cases for their domestic telecommunications traffic[17].

---

[17] Hinson and Millstein, supra note 7.

Upon completing its privatisation, Intelsat amended its constituent Agreement, and transferred its assets and operations to a holding company, INTELSAT Bermuda Limited and INTELSAT Services Corporation, incorporated in Delaware, USA. The IGO continues to exist, namely the International Telecommunications Satellite Organization (ITSO), in order to monitor observance of the public service obligations of the new INTELSAT companies under a Public Services Agreement (PSA)..

The amended ITSO Agreement requires ITSO to ensure, under the PSA, that the Companies provide, on a commercial basis, international public telecommunications services conforming to the following "Core Principles":

(i) to maintain global connectivity and global coverage;

(ii) to serve its lifeline connectivity customers, and

(iii) to provide non-discriminatory access to the Company's system.

Lifeline connectivity is defined as the obligation to provide continued telecommunications services to customers under a contract. Domestic Public Telecommunications Services are also to be provided on the same basis as the international services. For many countries, Intelsat has always provided domestic services, as it is often cheaper and more reliable to provide telephone and television services via satellites within a country that does not have existing terrestrial telecommunications networks.

The amended Agreement also contains provisions designed to protect Intelsat's orbital locations and frequency assignments, which will be assigned to a Notifying Administration selected by the ITSO Assembly, and which has agreed to authorize the use of the assignments by the Companies so that the Core Principles will be fulfilled. The frequencies are defined as the "Common Heritage" of the Parties in the Agreement. The Agreement shall be in effect for at least 12 years, and thereafter may be terminated by the Parties. The Intelsat situation regarding termination is thus in contrast to Inmarsat, in which IMO plays a key role as mentioned above.

The PSA implements the above requirements of the Agreement and also contains enforcement provisions somewhat similar to those in Inmarsat's PSA. The ITSO Secretariat will be financed for an initial 12 year period by funds retained at the time of privatization, and thereafter by the Companies until such time as the Parties terminate the Agreement.

Intelsat also use the procedure of provisional application in order to expedite the implementation of the restructuring amendments to the Intelsat Agreement.

Eutelsat

37. Eutelsat took decisions in 1998-1999 to restructure for similar reasons to those of the other ISOs It was decided to transform the organization into a national company or *société anonyme*, established under French law,

operating under the supervision of the restructured IGO. Eutelsat had already responded to the European Commission's Green paper of 1990 on liberalization of satellite communications in Europe by relaxing its consultation procedures on economic harm, and by improving access to its space segment by service providers in Member States. The proposals for privatization aimed at finding the optimum legal structure enabling Eutelsat to develop its services and business strategies to respond to the changing regulatory and competitive environment[18].

Eutelsat's privatisation took place on 2 July 2001. The new structure is based on the following main legal instruments:

(a) the amended EUTELSAT Convention: This enabled the transfer of Eutelsat's operational activities and assets and liabilities to the new company, Eutelsat S.A. The future purpose of the IGO would be to supervise the observance by the company of four basic principles, as set forth in the Arrangement, and to ensure continuity under the ITU Radio Regulations for the use of frequency assignments to Eutelsat's space segment, which were in service or had been filed with the ITU's Radiocommunications Bureau, prior to the establishment of the company. Future filings will be made on behalf of the Company by the French ITU Administration.

(b) the Arrangement between the restructured IGO and Eutelsat S.A. enabling the IGO to oversee and ensure the observance of the following four basic principles:

- public service/universal service obligations, i.e. to provide space segment for services connected to the public switched telephone network; audio-visual services will be provided in conformity with relevant national regulations and international agreements, in particular the European Convention on Transfrontier Television;
- pan-European coverage, on an economic basis, to serve all areas where there is a need for communications services in Member States;
- non-discrimination; services shall be provided to users on an equitable basis subject to commercial flexibility and consistent with applicable laws;
- fair competition; the Company shall comply with applicable laws relating to fair competition.

(c) the Articles of Association of Eutelsat S.A. The Company was incorporated under French law, and has its headquarters in Paris. Its initial shareholders are the former Signatories to the Eutelsat Operating Agreement, and they hold shares in proportion to their former investment shares in the IGO.

---

[18] Roisse, supra note 10.

The objects of the Company in and outside France are very wide, namely to provide space segment capacity, and satellite systems and services, including construction of and operation of the space segment and systems, and generally to carry out financial, commercial and industrial activities relating to such objects.

In relation to its governance, the Company has a Supervisory Board, of 15 members, allocated among the groups of shareholders depending on the proportion of shares held, and elected for three years. The Board exercises permanent supervision of the management of the Company according to law. There is also a Management Board of four members appointed by the Supervisory Board with wide powers to take all decisions relating to the management and assets of the Company.

The Eutelsat Assembly also adopted a resolution on accelerated implementation of the amendments on that date, similar to the decision on provisional application adopted by Inmarsat.

Intersputnik

38. Intersputnik's restructuring followed a different path. After the break-up of the USSR, the Organization moved towards commercial operation, taking international telecommunications market requirements into account, such as competitive tariffs and direct access to space segment, to enable it to compete successfully with other system operators. While the Organization remained basically intergovernmental, structural changes were made, including the introduction of telecommunications entities, i.e Signatories, similar to those in the other ISOs. Another important development for Intersputnik was that it formed a joint-venture with Lockheed Martin Corporation of the US in April 1997 to implement a satellite communications project covering the whole technical cycle of satellite communications services, starting from the manufacture and launch of the GEO satellite to its long-term operation. This joint venture is also unusual as an agreement between an IGO and a multinational corporation[19].

Eumetsat

39. Eumetsat is understood not to be considering restructuring, as it performs primarily a public service function. Although there is a growing market for meteorological products, with commercial entities offering meteorological services, it is not on a scale which could sustain the full cost of operating a satellite system. Nevertheless, Eumetsat does take account of commercialization considerations. It restricts its activities to securing satellite data, and leaves the task of transforming that data into weather forecasts and other direct user-applications to meteorological services and private weather firms. It has a detailed data policy, under which, *inter alia,* it gives equal access to data to such services and firms , in order to ensure a

---

[19] Veschchunov, supra note 8.

level playing field. It also co-operates with the World Meteorological Organization[20].

ESA and Arabsat

40. ESA is an intergovernmental research and scientific organization, not operating on a commercial basis, and restructuring is not contemplated at present. It is not known whether Arabsat has any plans has for restructuring.

7. The Consequences of Privatization for the ISOs

Inmarsat

41. As Inmarsat was privatised nearly three years ago, a more detailed account can be given of both the institutional and commercial implications of its changed status. After April 1999, Inmarsat was released from the many institutional restraints which characterised the former IGO but it was treading on new ground, as regards both its operations and the implementation of the PSA,

42. G*overnance* of Inmarsat was transferred to a new Board of Directors. Meeting more frequently than the large Inmarsat Council, and applying fiduciary principles, the Board has been able take decisions rapidly in the long term commercial interests of the Company as a whole. Inability or delays in taking such decisions by the Council was one of the key elements which led to Inmarsat's privatisation.

43. In its *commercial direction,* the Company has placed emphasis on *diversification* of business and services by seeking new avenues of *business, and mergers and acquisitions. Three key strategies* were identified; growth of Inmarsat's *core business* of maritime, aeronautical and land mobile services; entry into the fixed, very small aperture terminals (*VSAT*) market in order to extend the total communications portfolio, and stimulation of *network usage.*

44. The move into the *fixed-satellite market* was achieved by the acquisition of the VSAT operations of an Aberdeen-based company enabling Inmarsat to offer increased value-added services to its offshore energy, maritime and government customers, including emergency applications. This was Inmarsat's first venture outside mobile communications. Another acquisition was a Vancouver- based company, specializing in e-mail technology to ships, which will enable Inmarsat to provide a wider range of e-mail and data services to its maritime customers.

45. Most importantly, the procurement of a *new space segment generation* was finally decided by the Board in May 2000, when it awarded a contract to Astrium to build three satellites (two operational and one spare) for Inmarsat's *next generation* broadband network. Astrium is a consortium

---

[20] Supra note 11.

involving DaimlerChrysler Aerospace, Matra Marconi Space and Marconi Electronic Systems.

46. The new network will be called the Broadband Global Area Network (B-GAN). It will provide higher speed Internet, video-on-demand, video-conferencing, fax and e-mail to corporate customers anywhere in the world. It will be operational during 2004 and have a life cycle of 10-15 years. The whole project will cost about $1.4 billion and is expected to generate $10-12 billion in wholesale revenues over the satellites' life cycle. This is a key strategic investment for the Company, helping to meet high demand for mobile broadband services and provide seamless extension to fixed terrestrial networks.

47. A *public listing* of its shares (i.e an Initial Public Offering (IPO)) within two years was one of the conditions of privatisation that the Company agreed under the PSA. Such a listing would bring in external capital for necessary investment, dilute the existing shareholding structure, which was based upon previous Signatory participation, and establish a market value for existing shares. Due to the current share market situation, the IPO has been deferred until market conditions have improved.

48. In *spectrum and orbital* matters, the privatization has gone smoothly. The Inmarsat orbital locations and frequencies were transferred by the UK Administration from IGO status to UK status, with the ITU. The Company was issued with a licence under the UK Outer Space Act (which implements UK obligations under the relevant space treaties), and it has participation rights at ITU meetings as a Recognized Operating Agency (ROA).

49. Implementation of the *Public Services Agreement (PSA)* to safeguard the public service obligations of the Company, as referred to in paragraphs 30 & 32 above, was the other dimension to Inmarsat's privatization. A Director of the restructured IGO, who was elected by the Inmarsat Assembly, is in charge of overseeing these obligations. The 15th Session of the Assembly, which met in June 2000, noted in its Report (*Assembly/15/14*), that since privatisation, the Company had continued to provide fully operational GMDSS services and had also observed its other public service obligations.

Intelsat

50. With privatisation, Intelsat has greater flexibility to address developing markets such as Internet and broadband services. In terms of pricing it is now able to engage in market-based pricing, compared with its previous obligation to offer uniform pricing across the globe. It is no longer restricted to providing only the satellite link in communications services but offer new services such as gateway services, bundled network solutions, broadband and others. It also has access to international financial markets for the first time. Its fiduciary board of directors will enable it to operate with greater

flexibility. In June 2001, Intelsat launched the first of a ten-satellite constellation.

Eutelsat

51. It is too soon to see the long-term consequences of Eutelsat's privatisation but its new corporate structure gives it the operational flexibility and streamlined governance for pursuing business opportunities in media, telecommunications and most particularly broadband markets. As a fully commercial enterprise, Eutelsat S.A. will be able to bring new products and services to market, and seek external finance for its development and strike strategic alliances and joint ventures. This could include new initiatives such as OPEN-SKY, a multimedia service. Eutelsat is also expected to continue its geographic expansion, and offer more innovative end-to-end solutions, and to become a major player in the global marketplace. It currently operates capacity on 22 satellites and owns the 3rd largest fleet of satellites worldwide. Seven additional satellites are currently in construction.

52. Eutelsat S.A. has a diversified shareholder base, consisting principally of telecommunications and media companies headquartered in 48 different countries

CONCLUSIONS

53. The ISOs have been one of the mainstays of space activities since the start of the space age, especially for carrying out global or regional public services. They have substantively helped with the evolution of space technology, systems and applications.

54. The ISOs have also made a distinct contribution to the evolution of space law in certain areas. Where space law was not adequate, the ISOs relied on other legal and commercial practices under private law. Indeed, a current question in UNCOPUOS and elsewhere is whether existing space law is adequate to meet the needs of private enterprise in a new world of private commercial activities[(21].

55. The ISOs compliance with space law can be seen in a number of areas. They were created by treaty, and their activities were governed by their constituent instruments and by public international law, including space law. The Preambles to the constituent instruments of Intelsat, Inmarsat and Eutelsat all refer to the Outer Space Treaty. All three ISOs had non-

---

[21] F. G. von der Dunk, *Public Space Law and Private Enterprise, The Fitness of International Space Law Instruments for Private Space Activities.* Paper presented to the Workshop on Legal Issues of Privatizing Space Activities, 19 July 1999, Vienna, organized by the Institute of Air and Space Law of the University of Cologne, as part of Project 2001, "Legal Framework for the Commercial Use of Outer Space". See also book by F.G. von der Dunk, *Private Enterprise and Public Interest in the European 'Spacescape': Towards Harmonized National Space Legislation for Private Space Activities in Europe*, published by the International Institute of Air and Space Law, Leiden, Netherlands.

discriminatory obligations in providing their services, which were consistent with the Outer Space Treaty. They also developed practices for handling liability issues, taking into account the provisions in the Outer Space Treaty and the Liability Convention. They took into account environmental requirements relating to the space environment and the problem of space debris [22]. Inmarsat was required, under its Convention, to act exclusively for peaceful purposes, consistent with the principle set down in the Outer Space Treaty, and developed practical guidelines for implementing that principle[23]. Intelsat and Eutelsat had restrictions on the use of specialized services for military purposes.

56. Inmarsat's privatization broke new ground after a lengthy and complex process, and Intelsat and Eutlesat soon followed suit. The new Inmarsat company already demonstrated that it is able to operate as a multi-national commercial concern, on an equal basis with its competitors, and to expand its key operational decisions which would not have been possible when it was an IGO. Intelsat and Eutelsat are expected to experience similar developments. Inmarsat's PSA , which was followed by similar arrangements in the other two ISOs, has so far proved to be a successful international regulatory mechanism, though no conflicts have arisen between the parties to put it to the test. The PSA concept may prove to be of some value in connection with the growing numbers of public-private partnership projects, such as that being considered by the European Commission for the possible future Galileo system for global navigation satellite services(GNSS)[24].

57. A final question remains: will the privatised ISOs continue to provide satellite communications to all nations on a global and non-discriminatory basis, as envisaged in the UN General Assembly Resolution referred to in paragraph 1 above, and implicit in the Outer Space Treaty and other international instruments?.

58. A distinguished commentator has pointed out that the transformation of the ISOs into private companies means that commercial considerations will rank high in their future decisions. There is a fundamental distinction between a "public service" subsidised by governments, and a "service to the public" which can be priced so as to run at a profit to its provider. The agreements entered into between the privatised companies and the residual IGOs laid down various public service obligations of the companies but

---

[22] D. Sagar, *Inmarsat-The Way Ahead*, *Commercialization and Privatization,*and *The Intergovernmental Satellite Organizations – Origins and Privatization,* Papers presented respectively to ECSL Summer Courses on Space Law (Leiden, 1996), pp 7-11, (Geneva, 1999) pp 327-330, and (Cologne, 2000) pp 57-59. Also C. Roisse, *Eutelsat and Space Law: Legal Considerations,* supra note 10.

[23] W von Noorden, *Inmarsat Use by Armed Forces: a Question of Treaty Interpretation*", (1995) 23 JSL (supra note 9), P.1.

[24] *Galileo: Involving Europe in a New Generation of Satellite Navigation Services,* Report dated 9 February 1999, of the European Commission.

how effective will the agreements be if intervention by the supervising IGOs became necessary?[25]

59. Inmarsat's obligations to continue to provide maritime distress and safety services are laid down in detailed and precise terms. In any case, the safety services are a relatively small, though important element in Inmarsat's main commercial maritime service portfolio. However, the other prescriptions regarding provision of global or regional services common to the three ISOs may not be so readily enforceable. This is not to question the goodwill of the privatised companies in implementing the agreements but to look realistically at the commercial considerations which will come into play, particularly as technology and services evolve time, and investment in the companies is diluted once the companies' shares are publically listed.

60. The ISOs were always enjoined to operate on a commercial basis but not so as to maximise profits, and they were also required to levy the same charge for the same service wherever it was provided. However, the new companies are now entitled to apply commercial flexibility, differential charging, or act in accordance with usual commercial practice in the telecommunications industry. Only time will tell, therefore, whether the companies are willing or able in the future to maintain the global non-discriminatory satellite services which were the aspirations of governments that brought the ISOs into existence.

---

[25] Professor Francis Lyall, University of Aberdeen, *International Law and New Global Private Satellite Telecommunications Systems,* Paper prepared for the proposed 50th Anniversary Conference of the Institute of Air and Space Law, McGill University, Montreal, September 2001, and also his paper *Legal Issues of Expanding Global Satellite Communications Services and Global Navigation Satellite Services, with Special Emphasis on the Development of Telecommunications and E-Commerce in Asia,* Singapore Journal of International and Comparative Law (2001) 5, pp 227 – 245. See also the *Commentary* by Alan Auckenthaler, Inmarsat General Counsel in that Journal at pp 246 – 258.

PRIVATISATION DE L'ACTIVITE SPATIALE: LE CAS DE LA STATION SPATIALE INTERNATIONALE

par

André FARAND*

Administrateur à l'Agence spatiale européenne

Introduction:

Plusieurs scénarios sont en voie d'élaboration par l'Agence spatiale européenne (ESA), au nom du Partenaire européen, pour mener à bien des activités de commercialisation liées à l'exploitation de la Station spatiale internationale (ISS), de préférence de manière coordonnée avec tous les Partenaires. Tous ces scénarios sont innovants et ils présentent des défis considérables pour une organisation intergouvernementale telle que l'ESA.

La «commercialisation» de l'ISS est une idée qui prend forme à la réunion du Conseil de l'ESA au niveau ministériel de Bruxelles tenue en mai 1999, alors que les ministres européens responsables des affaires spatiales demandent à l'ESA de faire des propositions pour favoriser l'utilisation de l'ISS par le secteur privé[1]. Les grandes lignes de ces propositions, qui dans la meilleure des hypothèses pourraient générer des revenus pour combler en tout ou en partie le déficit de financement de l'utilisation de l'ISS[2], sont présentées, et acceptées dans leur principe par le Conseil de l'ESA à l'automne 2000. Précisons que la commercialisation de l'ISS n'est pas explicitement traitée dans les accords internationaux ISS (l'accord intergouvernemental, l'IGA, signé par les quinze Etats partenaires le 29 janvier 1998 et entré en vigueur le 27 mars 2001, et les 4 Mémorandums d'Accord, MOUs conclus au début de 1998) mais les règles générales d'utilisation contenues dans ces accords peuvent s'y appliquer «*mutatis mutandis*» et la rendent donc possible.

L'expression «commercialisation de l'ISS» vise à promouvoir et développer (a) l'utilisation à des fins de recherche et développement, par le secteur privé,

---

Les vues exprimées dans cet article sont celles de son auteur.

[1] L'objectif fixé est d'une utilisation à hauteur de 30% par le secteur privé.

[2] Le déficit de financement d'environ 33% se trouve essentiellement dans la partie "coûts variables" de l'utilisation (ces coûts représentant environ 1/3 du total des contributions ISS), la partie "coûts fixes"(les 2/3 restant), celle visant à assurer le maintien en bon état de marche des infrastructures et à payer les coûts communs d'opération, étant souscrite presqu'à 100%.

de tous les éléments de l'ISS, et non pas seulement des éléments utilisateurs – les laboratoires - comme envisagés dans l'IGA et les MOUs, et (b) les autres activités menées sur terre, comme le parrainage ou sponsoring, le marchandisage et la publicité, et visant à générer des revenus en utilisant l'image de l'ensemble ou d'une partie de l'ISS.

1) Partenaires ISS et commercialisation

Les efforts visant à organiser au sein de l'ESA la commercialisation de l'ISS peuvent aussi s'expliquer par les mesures prises par les autres Partenaires ISS dans ce sens. C'est la NASA qui mène la politique de commercialisation la plus avancée, aidée en cela par les dispositions du « Space Commercialisation Act » de 1998 lui enjoignant de privatiser une partie de l'utilisation de l'ISS, son objectif étant de 30% du volume disponible, tout en donnant l'assurance à la NASA de pouvoir consacrer les revenus ainsi générés à ses propres activités spatiales. L'agence coopérante russe, Rosaviakosmos, entend mener des activités commerciales avant tout pour assurer le financement de son programme d'ISS de base, comme la vente à l'ESA ou à des clients privés de sièges à bord des vols taxis bi-annuels Soyuz.[3] Il s'agit pour elle d'assurer la survie de son programme et ses motivations sont donc fortes. Le Canada a pour objectif de vendre jusqu'à 50% de son utilisation au secteur privé, ce qui ne représente toutefois que l'utilisation des instruments contenus dans la moitié d'un bâti de laboratoire[4]. Les Japonais, ayant aussi fixé une limite de 30% pour l'utilisation de leur laboratoire dénommé « Kibo » par le secteur privé sont plus réservés dans leur promotion commerciale et ils entendent bien marquer leur préférence pour l'utilisation institutionnelle de ce laboratoire.

Dès 1999, les Partenaires ont senti le besoin de coordonner leurs activités de commercialisation au sein d'un comité consultatif à la Commission multilatérale de la Coordination (MCB)[5]. En fait, puisque la commercialisation n'est pas réglementée explicitement dans les accords ISS, les Agences coopérantes, surtout la NASA et la RSA, voulaient continuer à jouir de toute leur marge de manœuvre dans ce domaine et ne pas avoir à observer de nouvelles règles, si peu contraignantes soient elles. Toutefois, prenant conscience que la commercialisation soulevait des problèmes particuliers qui pouvaient nuire à leurs intérêts, notamment des questions de concurrence entre Partenaires et « d'éthique» , et qu'elle avait un impact sur la valeur de l'image globale ou partielle de l'ISS, les Partenaires ont renforcé

---

[3] L'offre d'occasions de vols spatiaux à des particuliers fait l'objet de la procédure formelle d'acceptation de tous les Partenaires lorsque la personne en question est un ressortissant d'un Etat qui n'est pas signataire de l'IGA. Cette procédure s'est donc appliquée au vol d'avril 2002 de Mark Shuttleworth, un ressortissant Sud-Africain.

[4] Ce bâti de laboratoire est connu sous son sigle anglais « ISPR », soit « International Standard Payload Rack ».

[5]La Commission est la plus haute instance de gestion de la coopération établis par les Mémorandums d'Accord (MOUs), réunissant les directeurs des programmes de Station spatiale des 5 agences coopérantes.

leur coordination en créant un groupe de travail multilatéral sur la commercialisation[6] à l'été 2001. Ils ont chargé celui-ci de rédiger des directives qui encadreront leurs activités commerciales.

Après plus de six mois de discussions, le MCG a achevé la rédaction à la fin de mars 2002 d'un texte de directives qui, malheureusement, prenait acte du plus petit dénominateur commun acceptable en termes de réglementation de ce secteur d'activité ISS car, on l'aura compris, des intérêts économiques importants, mais encore mal définis, sont en jeu. Les directives sont toutefois utiles à deux titres en plus de constituer un instrument de promotion destiné aux tiers intéressés: (a) elles identifient les pistes qu'il faudra poursuivre dans les différents domaines de la commercialisation pour régler les problèmes les plus importants, et (b) leur adoption permettra aux Agences de passer à l'étape suivante, soit la rédaction avant la fin 2002 d'un document portant sur «la gestion de l'image de marque globale ISS» dans lequel les Agences coopérantes devront chercher à s'entendre sur les formules permettant à chacune de profiter des revenus et autres retombées liés à l'image de marque de l'ISS.

2) L'ESA et la commercialisation de ISS

Un certain nombre d'initiatives ont été lancées au sein de l'ESA pour définir le cadre dans lequel pourraient se dérouler toutes les activités de commercialisation ISS. Plusieurs groupes de travail internes ont été mis en place depuis le début de 2002 afin de déterminer si ces activités sont possibles et souhaitables et, en cas de réponse positive, d'en fixer le cadre juridique et administratif. Dans presque tous les cas, ces activités sont nouvelles et le cadre stratégique ou juridique pour les mener est présentement inexistant ; elles représentent non seulement des défis nouveaux pour l'ESA dans son ensemble mais aussi des risques de dérapage importants si elles sont menées sans les précautions nécessaires.

Au nombre de ces activités commerciales en préparation, ou en cours de réalisation, citons[7]:

(a) L'Accord de coopération : Le Conseil de l'ESA avait adopté en novembre 2001 les principes généraux sur lesquels devait se baser la rédaction d'un document intitulé «Accord de Coopération» à être conclu entre l'ESA, d'une part, agissant à titre de fournisseur non seulement des ressources ISS et des droits d'utilisation afférents mais aussi de certains apports financiers et sous forme de biens et services, et d'autre part d'une dizaine de compagnies de l'industrie spatiale européenne. Cet instrument

---

[6] Le "Multilateral Commercialisation Group" ou MCG.

[7] Une activité qui n'est pas à proprement parler commerciale, mais qui est liée à l'image de l'ISS, est la création au début de 2002 d'un Fonds, soit un compte de banque ouvert par l'ESA et destiné à recueillir les contributions des entités commerciales intéressées, pour les activités d'éducation réalisées par le moyen d'expériences proposées par des étudiants et faisant appel à l'ISS. Les "statuts" de ce fond établissent une structure de consultation entre les contributeurs afin de déterminer les modalités d'utilisation des sommes versées dans le Fonds.

contractuel, tout à fait innovateur pour l'ESA[8], visait à établir un portefeuille de services – ceux là même qui sont nécessaires pour mener des activités spatiales - à prix réduits. Les réductions de prix consenties par l'industrie pourraient atteindre la valeur maximale de l'apport de l'ESA et elles seront offertes à des clients privés intéressés à utiliser l'ISS.

Il a été prévu que les industriels partis à l'Accord allaient être associés étroitement, à travers les structures mises en place par cet Accord, à l'élaboration à la politique européenne de commercialisation ISS. Une première somme de 5 million d'euros, qui n'est qu'une partie des sommes qui pourraient être engagées au cours des prochaines années à ce titre, a été débloquée par l'ESA au début de mars 2002 et la coopération a pu être commencée sur la base l'Accord de Coopération signé par les Parties au cours du mois de mars 2002.

(b) Les vols taxis « Soyuz »: en mai 2002, l'ESA et Rosaviskosmos (RSA) signaient un accord cadre en vertu duquel la RSA s'engageait à offrir à l'ESA, et cette dernière s'engageait à faire part de son intérêt pour l'achat et à commencer des négociations dans un délai donné, les sièges disponibles sur les vols Soyuz vers l'ISS pour donner des possibilités de vols aux astronautes de l'ESA. C'est ainsi que RobertoVittori et Frank DeWinne auront la possibilité d'effectuer un vol au cours de 2002. Ces vols, qui s'inscrivent dans les activités normales des programmes de vols habités ESA, sont financés directement par les agences nationales concernées, (italienne et belge dans ces deux cas) et ils supposent l'établissement d'arrangements contractuels tant entre l'ESA et ces agences nationales d'une part, qu'entre ces deux dernières et les parties russes, Rosaviakosmos et Energia, d'autre part.

Il faut noter que lors de la conclusion en février 2002 de l'Arrangement bilatéral entre l'ESA et l'Agence spatiale italienne (l'ASI) concernant le vol de Roberto Vittori qui reprenait les conditions générales de coopération pour ce vol, un Arrangement additionnel sur la commercialisation a été conclu par ces deux agences, ce qui constituait une première. Ce dernier Arrangement prévoit que l'ESA et l'ASI mèneront individuellement certaines activités de commercialisation à l'occasion du vol de R. Vittori et s'entendront sur l'utilisation à des fins de promotion des revenus éventuels. C'est ainsi que les sponsors, comme l'a déjà fait la compagnie italienne Benetton par exemple, pourraient associer leur nom, leur image et leurs produits à ce vol. A ce propos, l'ESA a contribué à la rédaction d'un contrat type de parrainage qui pourrait être utilisé lors des activités de promotion qui vont suivre le vol.

S'agissant d'occasions de vol offerte à des particuliers par l'un des Partenaires, mentionnons que les agences coopérantes se sont entendues en

---

[8] En effet, les contrats conclus entre l'ESA et l'industrie portent généralement sur l'achat de biens et services et les "clauses et conditions générales des contrats ESA" s'appliquent alors sans trop de difficulté. L'Accord de Coopération a des ambitions plus larges, celles d'établir un partenariat entre l'Agence et l'industrie.

novembre 2001 sur les termes d'un document définissant des critères et des conditions pour la désignation d' un « participant à un vol spatial » à une mission spécifique en tant que membre de l'équipage. C'est la première fois que l'on retrouve dans un document officiel accepté par les principales puissances spatiales une distinction entre astronaute ou cosmonaute professionnel, d'une part, et participant à un vol spatial, d'autre part, ce qui ouvre la voie à une réglementation beaucoup plus étoffée du tourisme spatial qui en est qu'à ses balbutiements. Un problème de base qui se pose est de savoir si le touriste spatial, malgré qu'il s'engage sur un plan contractuel à respecter les termes du Code de conduite de l'équipage ISS qui lui défend en particulier de tirer des avantages financiers de ses activités à bord de l'ISS, ne sera pas amené à chaque fois à financer son vol au moyen d'activités commerciales, et conséquemment à ne pas respecter cette obligation. Le risque est de créer deux classes d'astronautes, les professionnels à qui on appliquera les prescriptions du Code de façon stricte, et les autres qui pourront se livrer à une course aux sponsors.

Ce danger du traitement différencié existe aussi à l'intérieur des corps d'astronautes des Partenaires en raison de l'introduction d'un volet commercial à l'exploitation de l'ISS. Alors que le rôle traditionnel de l'astronaute, qui est reconnu dans tous les textes de réglementation applicables au plan international, est celui d'un chercheur ou technicien institutionnel et d'un «envoyé de l'humanité» dans l'espace extra-atmosphérique, on pourrait être tenté de faire évoluer ce rôle pour satisfaire des impératifs commerciaux, ce qui mettrait en cause notamment l'image personnelle de l'astronaute et sa rémunération. On ne sera pas surpris d'apprendre que tout ceci soulève des débats importants au sein même des institutions concernées de la part des principaux intéressés, les astronautes eux-même.

c) Le parrainage ou sponsoring (et autres activités faisant appel à l'image de marque de l'ISS, par exemple la publicité et le marchandisage): cette activité prend pour acquis que l'image de marque, globale ou partielle, de l'ISS a une valeur commerciale importante et que des règles doivent être élaborées, avec l'aide de professionnels de ce type d'activité, afin protéger cette valeur et de maximiser les retours financiers de son exploitation. Un volet de l'exercice suppose la rédaction par les Agences coopérantes, avant la fin 2002, du document précité sur la gestion de la marque globale.[9] Le deuxième volet comprend l'établissement par chacun des Partenaires, y compris par l'ESA, d'une politique compatible avec les prescriptions qui seront contenues dans ce document.

---

[9] Pour donner une idée du défi que présente une politique globale de l'image ISS, les Partenaires envisagent de devoir créer un secrétariat commun afin de gérer la distribution des revenus de sponsorship, un peu comme le Comité International Olympique se charge de la redistribution de revenus de même source entre les comités nationaux. Si ce projet devait aboutir, il serait nécessaire de résoudre, dans les arrangements appropriés entre Partenaires, des questions épineuses relatives au fonctionnement d'une première structure centralisée ISS.

d) Nom et logo : un des problèmes liés à l'image de marque de l'ISS est celui d'assurer la protection du nom de l'ISS et du logo (ou des logos) qui seront choisis par les Partenaires. A ce propos, trois logos ont été retenus dans la première étape du processus de sélection à la fin mars, le premier étant celui proposé par l'Agence spatiale canadienne, et le logo final sera choisi dans les prochaines semaines par le groupe de travail des Relations Publiques regroupant tous les Partenaires. Les Partenaires devront s'entendre, sans doute dans des arrangements écrits, sur leurs responsabilités respectives quant à la protection juridique et les conditions d'exploitation du nom et du logo, et des autres marques caractéristiques de l'ISS.

(e) L'Agent commercial: lors de l'élaboration de l'Accord de Coopération précité entre l'ESA et l'industrie spatiale, il avait été prévu que des Agents commerciaux seraient chargés de faire la promotion de l'utilisation commerciale de l'ISS afin de développer le marché en attirant des clients. Un groupe de travail interne se penche sur le cadre et les conditions appropriés pour mener à bien ces activités, notamment sur le type d'arrangements contractuels qui pourraient lier ces Agents et l'ESA et sur le fait de savoir si cette activité doit être menée par des tiers ou par l'Agence elle-même agissant en son nom propre.

CONCLUSIONS

Comme on l'aura constaté, les activités de commercialisation ISS visent un spectre très large et diversifié de possibilités et elles demanderont aux experts une contribution intellectuelle significative pour être encadrées de manière appropriée. Lorsque ces activités sont liées à l'utilisation de l'ISS, les règles générales contenues dans les accords internationaux s'appliqueront ; toutefois cela laisse une certaine marge d'interprétation en raison des caractéristiques spécifiques de l'activité commerciale.

Un des défis qui se pose est celui d'inscrire les directives et les autres règles qui seront élaborées pour faire face aux besoins en matière de commercialisation dans le cadre réglementaire instauré par les Partenaires pour encadrer leur coopération. On a évoqué ci-dessus un certain nombre de textes élaborés par les organismes de gestion ISS, notamment celui chargé des activités des astronautes, et il serait impératif que les Partenaires s'assurent du statut contraignant de ces textes dans le partenariat afin de pouvoir en opposer les prescriptions à des tiers, par exemple des sponsors, des clients potentiels pour l'utilisation ou des candidats à des vols spatiaux, et ainsi affecter les intérêts de ces dernier dans un cadre suffisamment clair au plan juridique.

Tout ceci ne doit pas nous faire oublier que la Station spatiale internationale est le résultat d'un investissement important de la part des Etats, soient environ 60 milliards de dollars pour sa construction uniquement et une somme semblable qui devra être consacrée à son exploitation au cours des 15 prochaines années. Il ne serait pas acceptable que les activités de commercialisation ISS ternissent l'image de marque de la Station, une infrastructure en orbite construite avant tout pour favoriser la recherche et le développement scientifique et technique institutionnel, ou qu'elles aient d'autres conséquences négatives sur la Station, y compris dans son utilisation. Ceci fait donc partie du défi des concepteurs et promoteurs des activités commerciales pour l'ISS.

LE PROJET EUROPEEN GALILEO, ENTREPRISE COMMERCIALE OU SERVICE PUBLIC INTERNATIONAL

par
Marco FERRAZZANI
Administrateur juridique principal
Agence Spatiale Européenne

La radionavigation par satellite est une technologie de pointe permettant à l'utilisateur d'un récepteur de capter des signaux émis par plusieurs satellites pour déterminer très précisément à chaque instant, outre une heure très exacte, sa position en longitude, latitude et altitude.

Cette technologie, à ce jour maîtrisée aux Etats-Unis avec le système GPS et en Russie avec le système GLONASS, financée et contrôlée par des militaires, voit cependant son succès aller grandissant et couronné chaque jour par de nouvelles applications dans les pays de l'Union et dans le monde entier. Leur usage et leur marché embrassent déjà une multitude d'activités allant de tous les types de transport (localisation et mesure de vitesse de mobiles, assurances, ...) à la médecine (traitement des patients à distance, ...), à la justice (suivi de prévenus, ...), au service des douanes (enquêtes de terrain, ...), ou à l'agriculture (ajustage des doses d'engrains ou de pesticides en fonction du terrain, ...).

Partant de ce constat, l'Europe a décidé de jouer un rôle majeur dans ce domaine en élaborant une stratégie destinée à s'engager dans le développement et la mise en œuvre en deux phases d'un système de navigation par satellite distincts des systèmes existants (GPS et GLONASS).

Le programme GALILEO de radionavigation par satellite repose sur une technologie de pointe permettant à l'utilisateur d'un récepteur de capter des signaux émis par plusieurs satellites pour déterminer très précisément à tout instant sa position dans le temps et dans l'espace. Il est basé sur une constellation de trente satellites placés sur une orbite défilante à moyenne altitude (environ 24 000 km) et couvrant en permanence l'ensemble du globe

Agence Spatiale Européenne
8-10, rue Mario Nikis 75738 Paris: Email: Marco.Ferrazzani@esa.int

terrestre. Chaque satellite est une plate-forme équipée d'une horloge atomique offrant la mesure d'un temps extrêmement précis :« Temps GALILEO ». Des stations terrestres assurent la gestion technique du système.

La phase de définition du projet est déjà achevée. Comme pour tous les programmes de cette envergure, des études exhaustives ont été effectuées au cours de cette première phase dont le budget total s'est élevé à 80 millions d'Euros. L'Agence spatiale européenne est totalement impliquée dans le projet qu'elle supervise sur le plan technique. GALILEO est le premier grand programme associant les institutions communautaires et l'Agence spatiale européenne.

Le programme GALILEO comporte désormais les phases suivantes:

- **Une phase de développement et de validation (2001-2005) ;**

Développement des satellites, composantes terrestres ;
Validation « en orbite » du système.

- **Une phase de déploiement (2006-2008) :**

Fabrication, lancement des satellites ;
Mise en place du segment sol complet.

- **Une phase d'exploitation, dès 2008.**

Comparable à d'autres grands projets européens comme AIRBUS ou ARIANE, GALILEO représente une avancée technologique et une révolution sociétale équivalentes à celles engendrées récemment par le téléphone mobile. Il promet également le développement d'une nouvelle génération de services universels. Les Conseils européens de Cologne, Feira, Nice, Stockholm et Laeken ont tous souligné l'importance stratégique de ce programme.

GALILEO offrira en effet des avantages considérables dans de nombreux secteurs de l'économie. Ainsi, dans celui des transports terrestres, il autorisera l'anticipation et la gestion des temps de parcours ; ou encore, grâce aux systèmes de guidage automatique des véhicules, il permettra la réduction des embouteillages et du nombre des accidents de la route. Les expériences dans ce domaine se multiplient aux Etats-Unis. Toutefois, si l'exemple des transports terrestres, aériens et maritimes est le plus souvent cité, la radio navigation par satellite profite également chaque jour davantage à la pêche et à l'agriculture, à la prospection pétrolière, aux activités de défense et de protection civile, aux bâtiments et travaux publics etc.

Dans le domaine des télécommunications, couplé à d'autres nouvelles technologies telles que le GSM ou l'UMTS, GALILEO démultipliera les possibilités de fournir des données de positionnement et d'offrir des services combinés de très haut niveau. La place des systèmes de positionnement globaux par satellites est appelée à s'accroître considérablement dans la vie de tous les jours. Il en est du positionnement global par satellites comme de toutes les innovations techniques majeures : son impact réel sur la société et le développement industriel ne se révèlera que progressivement, même si de nombreuses applications concrètes sont déjà possibles. Si personne ne conteste que l'avenir des systèmes de guidage passe par la radionavigation par satellites, des secteurs autres que celui des transports dépendent déjà, sans le savoir, de cette nouvelle technologie. Ainsi en est-il du secteur bancaire dans la détermination de l'heure exacte des transactions financières. Pour certains analystes, la radionavigation par satellite représente une invention aussi importante que celle de la montre, de même qu'aujourd'hui personne ne peut ignorer l'heure, personne à l'avenir ne pourra se passer de connaître l'endroit exact où il se trouve. Or, la maîtrise de la technologie de la constellation de satellites, cœur du système, conditionne celle des multiples applications industrielles que le positionnement par satellites rendra possible.

L'Europe ne peut rester absente de ce qui apparaît d'ores et déjà comme l'un des principaux secteurs industriels du XXIème siècle et dépendre de systèmes ou de technologies élaborées hors d'Europe pour certaines applications vitales au fonctionnement de la société de demain.

Il existe actuellement dans le monde deux réseaux de satellites de radionavigation, l'un américain (GPS), l'autre russe (GLONASS). Tous deux ont été conçus dans une optique militaire. Le système russe étant sur le déclin et n'ayant pas suscité de véritables applications civiles, GALILEO constitue la véritable alternative à l'instauration d'un monopole de fait au profit du GPS et de l'industrie américaine. Dès à présent, le « Temps GPS » et les technologies qui y sont associées sont largement répandues dans les sphères de l'économie et entendent se présenter comme le standard universel. GALILEO présente plusieurs avantages par rapport au GPS :

Il est conçu et élaboré sur une base civile tout en intégrant dûment les protections nécessaires en matière de sécurité. A la différence du GPS à vocation essentiellement militaire, GALILEO offre ainsi, pour certains des services proposés, les garanties juridiques de fonctionnement exigées par les sociétés modernes, en particulier en matière de responsabilité contractuelle ;

Il est basé sur la même technologie que le GPS et offre un degré de précision similaire, voire supérieur en raison de la structure de la constellation de satellites et des systèmes terrestres de contrôle et de gestion prévus. Quand aujourd'hui un citoyen peut espérer localiser sa voiture dans une rue grâce au GPS, GALILEO permettra de définir dans quel garage elle se trouve ;

Il possède une fiabilité supérieure car il comprend un « message d'intégrité » informant immédiatement l'utilisateur des erreurs qui apparaissent. De plus, à la différence du GPS, GALILEO sera reçu sans aléas dans les villes et dans les régions situées à des latitudes extrêmes ;

Il constitue un véritable service public et offre à ce titre une garantie de continuité de services pour certaines applications. Au contraire, il existe au cours des dernières années plusieurs exemples d'indisponibilité involontaire ou intentionnelle des signaux GPS, parfois sans préavis. GALILEO est également complémentaire du GPS dans la mesure où :

L'utilisation harmonieuse des deux infrastructures (double source) apporte un réel avantage :

- en termes de précision ;
- en termes de sécurité en cas de défaillance de l'un des deux systèmes.

L'existence de deux systèmes indépendants est bénéfique pour tous les utilisateurs qui pourront recevoir les signaux GPS et GALILEO sur un seul et même récepteur.

L'Union européenne tient d'ailleurs beaucoup à cette complémentarité puisque, parallèlement à GALILEO, elle entend poursuivre le programme EGNOS qui vise à améliorer sensiblement les services offerts en Europe par les constellations de satellites GPS et GLONASS.

Développé depuis 1993, EGNOS augmente le nombre des signaux GPS, leur apporte une correction différentielle et leur confie un message d'intégrité. EGNOS est aussi appelé à être intégré dans GALILEO. La complémentarité entre le GPS et GALILEO permet à l'Europe d'apparaître comme un partenaire crédible pour les Etats-Unis. A l'inverse, en renonçant à GALILEO, l'Europe se mettrait elle-même hors jeu.

Pour tenter de justifier la supériorité du GPS sur GALILEO, certains mettent en avant le fait que le GPS est gratuit alors que GALILEO sera payant. Cet argument n'est pas sérieux. Il rappelle celui utilisé au début des années soixante par les américains qui proposaient alors aux européens de lancer gratuitement tous leurs satellites afin de les dissuader de mettre au point leurs propres lanceurs.

En fait, tout comme celui du GPS actuellement, l'usage de GALILEO sera gratuit pour les utilisateurs de base. Seules certaines applications particulières seront payantes. Ces applications particulières requièrent une haute qualité de services que le GPS actuel n'est pas en mesure d'offrir, notamment en terme d'intégrité et de continuité du signal reçu. Le GPS de demain proposera peut-être également des services de haute qualité, mais rien ne garantit que ceux-ci seront alors gratuits, surtout si le GPS devait se retrouver en situation de monopole. Par ailleurs les autorités américaines ont fait valoir que GALILEO n'offrirait pas des conditions de sécurité satisfaisantes. Ces critiques ne sont pas justifiées dès lors qu'un cadre approprié de sécurité est expressément prévu et que l'ensemble des services fournis par GALILEO restera in fine contrôlé par les autorités politiques. De plus, des solutions flexibles dans l'utilisation du spectre de radiofréquence tiennent compte des préoccupations américaines. Tant que les Etats-Unis continueront de fournir gratuitement leur signal GPS de base, il est évident qu'une dépense publique européenne sera nécessaire au développement du projet GALILEO.

Les ressources budgétaires de l'Union européenne en faveur du réseau transeuropéen de transport et du programme-cadre de recherche et de développement technologique (RDT) seraient mises à contribution, de même que le soutien et l'expertise de l'Agence spatiale européenne.

Le coût de ce système est estimé actuellement à environ 3 milliards d'Euros d'ici à 2008, avec contributions qui viendraient des différents budgets, soit spatiale soit communautaire : budget réseau de transport transeuropéen ou programmes-cadres de recherche et développement.

CONCLUSIONS

La Commission et l'Agence spatiale européenne ensemble ont apporté les réponses à toutes les demandes spécifiques et effectué tout le travail préparatoire. Aucun argument financier, économique ou technique ne peut justifier le report du lancement de la phase de développement de GALILEO.

C'est maintenant l'heure des choix politiques: L'Europe est-elle prête à s'engager sur un projet d'une telle envergure stratégique ? Tout est prêt pour la poursuite immédiate du projet. Si la création de l'entreprise commune est décidée par le Conseil en mars 2002, la phase de développement commencera tout de suite puisque les crédits nécessaires sont déjà mobilisés de la part de l'ESA.

Une importante décision politique est attendue en mars prochain par le Conseil Transport EU pour le lancement définitif du programme. A ce jour, Je suis confiant quand à la décision positive et à la réussite de ce programme ambitieux.

LA LIBERALISATION DES ACTIVITES DE TELEDETECTION

par

Philippe ACHILLEAS

Maître de Conférences (Université Paris Sud - XI)

Directeur de l'Institut du droit de l'espace et des télécommunications (IDEST)[1]

Parfaitement intégrés à la société globale de l'information, les satellites d'observation représentent un outil au service de la transparence internationale en permettant la collecte des données des régions les plus reculées et les plus secrètes de notre planète. Une telle technologie pouvant recueillir des informations sans considération de frontière, s'était naturellement développée dans un premier temps dans un contexte militaire. La télédétection s'est ainsi imposée dans les années 60 comme l'un des éléments de la politique de sécurité des Etats-Unis à travers les programmes Corona et *Key Hole* alors que l'URSS développait des capacités similaires avec le lancement des satellites Cosmos. Les années 70 marqueront l'avènement des projets civils, dont Landsat placé sur orbite par les Etats-Unis en 1972 représente le précurseur. Inauguré dans un cadre expérimental, le programme Landsat deviendra opérationnel à partir de 1978. Le lancement du système civil Spot en 1986 va, quant à lui complètement modifier le contexte économique et réglementaire de la télédétection par satellite. Le programme français repose en fait sur une philosophie totalement différente de celle de Landsat. Spot est système civil, dont la commercialisation des images s'effectue par l'intermédiaire d'une société de droit privé SpotImage S.A.. Misant sur la diffusion de données d'une qualité supérieure à celle de Landsat sur une base ouverte et non discriminatoire, SpotImage s'impose rapidement comme l'un des leaders du marché mondial. L'Administration Clinton va réagir dès 1992 en élaborant une nouvelle législation afin d'encourager le développement d'un marché privé de la collecte et de la diffusion de données à haute résolution. En 1999, Space Imaging deviendra ainsi le premier opérateur privé à exploiter un satellite à très haute résolution : Ikonos. Le 12 octobre 1999, la première image d'Ikonos fut diffusée. La cible choisie était symbolique puisque la donnée d'une résolution d'un mètre représentait le centre de Washington.

---

[1] L'auteur est également membre de la faculté de l'Université Internationale de l'Espace.

Le marché de l'imagerie spatiale commerciale est vaste. Les utilisateurs institutionnels traditionnels sont avant tout les gouvernements qui se servent des données pour la gestion du territoire, les organisations internationales pour lesquelles les données permettent de préparer leurs missions opérationnelles[2] ou encore les départements de géographie et de géologie des universités. Les utilisateurs privés se concentraient essentiellement dans le domaine de l'énergie et des ressources naturelles. Le secteur de l'observation spatiale espère désormais séduire de nouveaux utilisateurs émanant de divers secteurs économiques comme les équipements, l'agriculture ou les assurances. Les médias ainsi que les organisations non gouvernementales[3] sont également convoitées. Enfin, les particuliers souhaitant obtenir des images de leurs biens vus du ciel pourront commander des données. Le marché est donc prometteur, mais il ne saurait se développer en dehors de toute réglementation. Celle-ci est avant tout internationale, puisque les principes devant régir les activités de télédétection ont été inscrits dans une résolution de l'Assemblée générale des Nations Unies (I). La réglementation est par ailleurs nationale du moins pour les Etats-Unis qui ont adopté une série de textes afin d'encadrer l'essor d'un marché privé de la télédétection (II).

I
LE CONTEXTE JURIDIQUE INTERNATIONAL : LES PRINCIPES REGISSANT LA TELEDETECTION SPATIALE

En 1986, la télédétection représente la deuxième application spatiale ayant fait l'objet d'une réglementation par le Comité des utilisations pacifiques de l'espace extra-atmosphérique (CUPEEA), après la télévision directe par satellite en 1982[4]. Tout comme pour la télévision par satellite, le débat relatif à la télédétection spatiale opposait deux concepts présentés comme antinomiques : la liberté et la souveraineté. Le CUPEEA devait réconcilier

---

[2] Le HCR par exemple utilise des données de télédétection pour surveiller les flux de réfugiés dans les zones sensibles. Sur l'emploi des données d'observation par le HCR pour l'organisation de camps en Thaïlande voir : E. Biorgo, "Supporting Humanitarian Relief Operations", dans *Commercial Observation Satellites at the Leading Edge of Global Transparency*, sous la direction de J. C. Baker ; K. M. O'Connell ; R. A. Williamson, RAND and ASPRS, Santa Monica, Bethesda, 2001, pp. 403 – 427.

[3] De nombreuses ONG se disent intéressées par l'utilisation des données de télédétection que leur secteur d'activité soit l'environnement, l'humanitaire, les droits de l'homme ou encore le désarmement. Sur cette question, voir : K. T. Litfin, "The Globaliszation of Transparency : the Use of Commercial Satellite Imagery by Nongovernmental Organizations" dans *Commercial Observation Satellites at the Leading Edge of Global Transparency*, sous la direction de J. C. Baker, K. M. O'Connell ; R. A. Williamson, RAND and ASPRS, Santa Monica, Bethesda, 2001, pp. 463 - 484.

[4] Sur la réglementation de la télévision par satellite, voir plus particulièrement : P. Achilleas, *La télévision par satellite – aspects juridiques internationaux*, 2ème édition, Paris, Montchrestien, 1997, 201 p.

les partisans de la liberté d'observation et les partisans de la souveraineté permanente des Etats sur leurs ressources naturelles. C'est selon cette logique de compromis que l'Assemblée générale des Nations Unies adopta, le 3 décembre 1986, la résolution 41/65 portant en annexe les Principes régissant la télédétection spatiale. Ces principes représentent aujourd'hui l'unique texte universel spécifique à la télédétection spatiale[5] et reposent sur un équilibre entre la liberté d'observation et le respect des droits et intérêts, notamment économiques, des Etats observés. S'il est désormais reconnu que les Principes sur la télédétection s'appliquent aux entreprises non-gouvernementales (A), il convient d'en souligner les conséquences sur le développement des activités privées d'observation de la Terre (B).

A. L'application des Principes aux entreprises privées

L'application des Principes aux entreprises privées semble acquise du fait de l'insertion de la clause de responsabilité introduite par le Principe XII (1). Le champ d'application de la résolution peut toutefois être réduit par la définition de la télédétection posée par le Principe I. Dès lors, toutes les activités privées liées à l'observation de la Terre et à la distribution des données ne sont pas soumises aux dispositions élaborées par l'ONU (2).

1) Une application rendue possible par la clause de responsabilité

Le Principe XII dispose : "Conformément à l'article VI du Traité sur les principes régissant les activités des Etats en matière d'exploration et d'utilisation de l'espace extra-atmosphérique, y compris la Lune et les autres corps célestes, les Etats exploitant des satellites de télédétection ont la responsabilité internationale de leurs activités et s'assurent que ces activités sont menées conformément à ces principes et aux normes du droit international, qu'elles soient entreprises par des organismes gouvernementaux, des entités non gouvernementales ou par l'intermédiaire d'organisations internationales auxquelles ces États sont parties [...]".

Cette clause n'est autre que la transposition de l'article VI du Traité de l'espace de 1967[6] dont on sait qu'il représenta un compromis entre les positions américaine et soviétique au sujet du développement d'activités spatiales privées. Lors de la négociation du Traité de 1967, l'URSS était fermement opposée à toute privatisation de l'espace, alors que les Etats-Unis entendaient étendre la liberté de l'espace aux opérateurs privés. La rédaction finale du texte a décidé de reconnaître implicitement la place de l'entreprise privée dans l'utilisation de l'espace en échange de la responsabilité directe de

---

[5] La convention de Moscou sur la télédétection conclue le 19 mai 1978 (Document U.N. A 33 162 (1978)) par les anciens Etats du bloc de l'Est est tombée en désuétude. Sur ce point voir : G. Zhukov, "La convention de Moscou de 1978 sur le transfert de l'utilisation des données de téléobservation de la terre à partir de l'espace" dans *Droit Télédétection et Environnement,* sous la direction de S. COURTEIX, Sides, Anthony,1994, p.189-194.

[6] Traité sur les principes régissant les activités des Etats en matière d'exploration et d'utilisation de l'espace extra-atmosphérique, y compris la Lune et les autres corps célestes de 1967, *RTNU*, volume 610, p. 205.

l'Etat de veiller à ce que ses activités nationales entreprises par des "entités non gouvernementales" soient poursuivies conformément aux dispositions du traité. En d'autres termes, l'Etat doit étendre à ses entreprises nationales les obligations découlant du traité de l'espace.

Il convient toutefois d'être prudent sur la transposition de l'article VI en droit de la télédétection. D'abord, dans les Principes de 1986, la clause de responsabilité ne vise que "les Etats exploitant des satellites de télédétection" et non pas "les Etats participant à des activités de télédétection", expression utilisée par ailleurs dans la résolution[7]. Autrement dit, les Etats responsables des stations de réception et d'archivage des données primaires, ainsi que les activités de traitement, d'interprétation et de distribution des données traitées, s'ils sont différents des Etats exploitant le satellite ne sont pas obligés d'appliquer les principes à leurs entreprises privées. Ensuite, la clause de responsabilité ne vise que les Etats conduisant des activités de télédétection depuis un satellite et non utilisant d'autres objets spatiaux comme une navette ou une station orbitale, or on sait que Station Spatiale Internationale et surtout la navette américaine peuvent servir de support à des activités de télédétection. Enfin, et c'est là un élément central dans le débat, peut-on exiger d'un Etat qu'il impose à ses entreprises nationales des normes énoncées dans un document de nature politique, comme le sont les Principes sur la télédétection annexés à une résolution de l'Assemblée générale des Nations Unies. La doctrine a abondamment tranché en faveur de la valeur coutumière des principes[8] et de nombreux Etats, y compris les Etats-Unis, ainsi que des organisations internationales se réfèrent aux Principes aussi bien dans leur droit interne[9] que dans leurs relations internationales[10]. Dès lors, c'est sur une base coutumière que les Etats ont l'obligation d'appliquer les Principes sur la télédétection à leurs entreprises privées.

---

[7] Selon le Principe I e) l'expression activités de télédétection :"désigne les activités d'exploitation des systèmes de télédétection spatiale, des stations de réception et d'archivage des données primaires, ainsi que les activités de traitement, d'interprétation et de distribution des données traitées". Cette expression est présente notamment dans le Principe II (utilisation de la télédétection dans l'intérêt de l'humanité), le Principe III (respect du droit international) et Principe IV (respect des intérêts économiques et vitaux des Etats observés).

[8] C. Q. CHRISTOL, "The 1986 Remote Sensing Principles : Emrerging Law or Existing Law", *IISL Colloquium*, 1987, pp. 268-275; L. PEYREFITTE, " Le régime juridique de la télédétection spatiale", *Revue française de droit aérien et spatial*, Vol. 177, No 1, Janvier-Mars 1991, Pedone, Paris, p.184-208; O. DE SAINT-LAGER, "Aspects juridiques de la télédétection spatiale" dans *Droit de l'espace, aspects récents*, sous la direction de J. DUTHEIL DE LA ROCHERE, Paris, Pedone, 1988, p. 245-250.

[9] **Canada** : Agence spatiale canadienne, *RADARSAT Data Policy*, document n° RSCA-PR0004, 1994, p. 11. **ESA** : Agence spatiale européenne, The ERS Data Policy, document n° APP-AM-CTRxxx-A4, p. 2 ; Agence spatiale européenne, *The Envisat Data Policy*, document n° MMO-POL-0003-EOAD, 2000, p. 2. **Etats-Unis** : Commercialisation Act de 1984, 15 U.S.C., paragraphe 4201 – 4292, Policy Act de 1992, 15 U.S.C., 9 5601 – 5642.

[10] Charte relative à une coopérative visant à l'utilisation coordonnée des moyens spatiaux en cas de situations de catastrophe naturelle ou technologique signée le 20 octobre 2000 entre l'ESA, le CNES, l'ASC, L'ISRO et la NOOA, préambule, Rev.3 (25/4/2000).2.

2) Une application limitée par la définition de la télédétection dans les Principes

Le Principe I a) détermine le champ d'application de la résolution en donnant une définition de la télédétection qui limite l'activité à l'observation à des fins "d'amélioration de la gestion des ressources naturelles, d'aménagement du territoire ou de protection de l'environnement". Cette définition, assez restrictive, exclut les nouvelles applications de la télédétection. L'utilisation des données par les médias, lorsqu'il ne s'agit pas d'informations relatives à l'environnement, ou par des entreprises dont l'activité n'est pas liée à l'exploitation des ressources naturelles ou à l'aménagement du territoire, ne relève donc pas des Principes de 1986. Il en est de même pour les données destinées à la surveillance des accords de désarmement et surtout pour la surveillance militaire. L'exclusion de l'observation à des fins militaire du champ d'application de la résolution n'est peut-être pas sans conséquences sur l'essor du marché de l'imagerie à très haute résolution. En effet, jusqu'à une période récente la distinction entre les applications civiles et les applications militaires de la télédétection reposait sur la résolution des données, les systèmes à très haute résolution étant réservés aux utilisations militaires et l'avènement de systèmes privés commercialisant des données à très haute résolution peut sérieusement compliquer le droit applicable. En effet, nous pouvons considérer que toute image à très haute résolution a potentiellement une vocation militaire. Le double usage – civil et militaire – de ces données permettrait de reconsidérer l'application des Principes de 1986 aux entreprises privées. Les Etats s'autorisent en effet une interprétation assez large des termes des Principes de 1986 lorsque des données à très haute résolution sont en question[11].

B. Les règles applicables aux entreprises privées

Il est possible de classer les principes applicables aux entreprises en deux ensembles de normes. Le premier se réfère au respect des droits et intérêts légitimes des Etats (1), le second à la distribution des données et des informations (2).

1) Le respect des droits et intérêts légitimes des Etats

La première conséquence de l'équilibre obtenu dans la rédaction des Principes de 1986 repose sur le respect des droits et intérêts légitimes des Etats observés par les Etats observateurs. Sur ce point, le Principe II ne fait

---

[11] Comme nous le verrons, les Etats-Unis et Israël établissent des restrictions au commerce des données à très haute résolution. En Europe, en l'absence de texte, la pratique autorise les restrictions pour les données d'une résolution d'un mètre et moins. Aussi les données du satellite Spot 5 lancé le 4 mai 2002 d'une résolution de 2,4 mètres seront distribuées sur une base non discriminatoire. Ainsi en Inde, la National Remote Sensing Agency prohibe la diffusion de données à très haute résolution concernant les provinces du Jamu et du Cachemire.

qu'énoncer un principe général[12] en faisant une référence implicite à la clause de l'intérêt commun prévue par l'article Ier du Traité de l'espace de 1967 qui demandant aux puissances spatiales d'adopter une conduite compatible avec les intérêts de tous les autres Etats. Une telle clause peut s'avérer dangereuse pour la liberté de l'espace alors qu'elle se présente dans le même temps comme un rempart protégeant les Etats contre les abus de l'exploitation de l'espace. Dès lors, les interprétations divergent quant à sa portée. Certaines délégations, à l'instar de la délégation indienne, avaient exprimé, lors de la rédaction du Traité de 1967, leur doutes quant à sa valeur juridique[13]. C'est pour cette raison que la France et l'Italie proposèrent de l'inclure dans le Préambule[14]. Le Comité des relations extérieures du Sénat américain, dans son interprétation de la clause, estima que le traité n'impliquait aucune obligation pour un Etat de partager les profits et les résultats de ses propres activités spatiales[15]. Selon nous, en insérant la règle dans le corps du traité, doté de force obligatoire, et non dans le préambule, les rédacteurs n'entendaient certainement pas limiter la clause d'humanité à un simple principe politique. Cependant, bien que contenu dans un article, la clause est rédigée en des termes trop généraux pour donner naissance à une norme d'effet direct. Aussi, des règles complémentaires et matériellement achevées doivent-elles être adoptées afin de donner corps au principe[16]. Nous affirmons néanmoins l'autonomie et l'importance de la clause, au moins d'un point de vue étique. Ainsi, dans le domaine de la télédétection par satellite, elle impliquerait d'une part, une coopération pour assurer le plus large accès possible aux données à tous les Etats. D'autre part, elle supposerait que les opérateurs, de nature étatique ou privée, prennent conscience des risques encourus par les autres Etats dans la poursuite de leurs activités de télédétection et qu'ils s'interdisent de les conduire de manière préjudiciable aux autres Etats.

En revanche, le Principe IV est beaucoup plus précis puisqu'il associe la liberté d'observation d'une part au respect du principe de la souveraineté

---

[12] Selon le Principe II : "Les activités de télédétection sont menées pour le bien et dans l'intérêt de tous les pays, quelque soit leur niveau de développement économique, social ou scientifique et technologique et compte dûment tenu des besoins des pays en développement".

[13] Document ONU, A/AC.105/C.2/SR.63 (20-7-1966).

[14] B. CHENG, "Le Traité de 1967 sur l'Espace", *JDI*, 1968, p. 577.

[15] M. G. MARCOFF, *Traité de droit international public de l'espace*, Fribourg, Editions Universitaires Fribourg, 1973 , pp. 251-252.

[16] Dans un souci de rendre à la fois effective et concrète la clause de l'intérêt commun, l'Assemblée générale des Nations Unies adopta le 13 décembre 1996 la Déclaration sur la coopération internationale dans l'exploration et l'utilisation de l'espace extra-atmosphérique au profit et dans l'intérêt de tous les Etats, compte tenu tout particulièrement des besoins des pays en développement. On ne peut que regretter cette initiative de l'ONU car le texte, en n'apportant aucun élément au débat, affaiblit davantage la réalité du principe d'autant plus, que les points nouveaux du texte vont à l'encontre des intérêts des pays en développement puisqu'il s'agit de la liberté de la forme de la coopération et de la reconnaissance d'une utilisation commerciale de l'espace.

permanente des Etats sur leur richesses et leurs ressources naturelles et d'autre part, au respect des droits et intérêts légitimes de l'Etat observé[17].

2) Les principes relatifs à la distribution des données et des informations

La seconde conséquence de l'équilibre obtenu dans la rédaction des Principes de 1986 repose sur l'accès aux données et aux informations analysées dont le Principe XII représente l'élément central[18]. En vertu de la première phrase du principe, l'Etat observé a un accès "sans discrimination et à des condition de prix raisonnables" aux données primaires[19] et aux données traitées[20] concernant le territoire relevant de sa juridiction, dès lors que ces données sont produites. Transposée au secteur privé, cette règle suppose l'entreprise fournisse à l'Etat observé toute donnée concernant son territoire dès que celle-ci est produite, qu'elle ait ou non fait l'objet d'une mise sur le marché. L'obligation de non-discrimination suppose que l'accès ne saurait l'objet d'une restriction sur des considérations politiques, sociales, économiques ou encore culturelle. Comme nous le verrons, les Etats reconnaissent toutefois la possibilité de restrictions fondées sur des impératifs de sécurité nationale. Enfin, l'entreprise n'a nullement l'obligation de transmettre les données à titre gratuit. Une rémunération est exigée, sous peine d'interdire tout développement du marché de la télédétection, mais la transaction doit faire l'objet d'un prix raisonnable, c'est-à-dire celui fixé par les lois du marché. La seconde phrase relative aux informations analysées[21], dispose que l'Etat observé a accès aux informations analysées concernant le territoire relevant

---

[17] Selon le Principe VI : "Les activités de télédétection sont menées conformément aux principes énoncés à l'article premier du Traité sur les principes régissant les activités des Etats en matière d'exploration et d'utilisation de l'espace extra-atmosphérique, y compris la Lune et les autres corps célestes, qui prévoit en particulier que l'exploration et l'utilisation de l'espace extra-atmosphérique doivent se faire pour le bien et dans l'intérêt de tous les pays, quel que soit leur stade de développement économique et scientifique, et énonce le principe de la liberté de l'exploration et de l'utilisation de l'espace extra-atmosphérique dans des conditions d'égalité. Ces activités sont menées sur la base du respect du principe de la souveraineté permanente, pleine et entière de tous les Etats et de tous les peuples sur leurs richesses et leurs ressources naturelles propres, compte dûment tenu des droits et intérêts, conformément au droit international, des autres Etats et des entités relevant de leur juridiction. Ces activités ne doivent pas être menées d'une manière préjudiciable aux droits et intérêts légitimes de l'Etat observé".

[18] Selon le Principe XII : "Dès que les données primaires et les données traitées concernant le territoire relevant de se juridiction sont produites, l'Etat observé a accès à Ces données sans discrimination et à des conditions de prix raisonnables. L'Etat observé a également accès aux informations analysées disponibles concernant le territoire relevant de sa juridiction qui sont on possession de tout Etat participant à des activités de télédétection sans discrimination et aux mêmes conditions, compte dûment tenu des besoins et intérêts des pays on développement".

[19] Selon le Principe I b) : "L'expression 'données primaires' désigne les données brutes recueillies par des capteurs placés à bord d'un objet spatial et transmises ou communiquées au sol depuis l'espace par télémesure sous forme de signaux électromagnétiques, par film photographique, bande magnétique, ou par tout autre support".

[20] Selon le Principe II c) : "L'expression 'données traitées' désigne les produits issus du traitement des données primaires, nécessaire pour rendre ces données exploitables".

[21] Selon le Principe I d) : "L'expression 'informations analysées' désigne les informations issues de l'interprétation des données traitées, d'apports de données et de connaissances provenant d'autres sources".

de sa juridiction en possession de tout Etat "sans discrimination et aux mêmes conditions". Le régime proposé ici est quelque peu différent dans la mesure où il ne vise plus des données reproduisant le territoire d'un Etat. L'Etat observé ne peut ainsi avoir accès aux informations qui sont disponibles et ne peut exiger le traitement des données afin d'en obtenir des informations qui lui seront utiles. Par ailleurs, seuls les Etats sont les destinataires de cette disposition. Les entreprises privées ne seraient pas tenues de fournir les informations analysées dans la mesure où elles ont fourni une plus value importante aux données primaires ou traitées[22].

II
LA MISE EN ŒUVRE DE LA LIBERALISATION PAR LES ÉTATS : L'EXEMPLE AMERICAIN

La politique américaine relative à la libéralisation des activités de télédétection est fondée sur la *Presidential Decision Directive* 23 (PDD – 23) du 10 mars 1994 qui souligne la doctrine américaine en matière de télédétection. Le texte vise à promouvoir l'essor d'un marché des données ouvert aux opérateurs privés sans pour autant mettre en danger la sécurité nationale. Cet équilibre entre le développement d'un marché et la protection des intérêts vitaux américains représente l'élément central du *Land Remote Sensing Policy Act* de 1992[23] amandé par le *Commercial Space Act* de 1998[24]. Un *Memorandom of Understanding* (MOU) inter-agences concernant les autorisations accordées aux systèmes privés de télédétection par satellite, conclu le 2 février 2000 complète ce dispositif[25]. Il a été signé par les cinq agences intéressées : les départements du Commerce, de la Défense, d'Etat, de l'intérieur et l'*Intelligence Community*. Il convient de tenir compte des Règles générales de la *National Oceanic and Atmospheric Administration* (NOAA)[26] pour l'autorisation des systèmes privés de télédétection. Ce cadre réglementaire garantit ainsi aux opérateurs privés, un accès au marché, afin selon la loi, de maintenir le leadership mondial américain (A) tout en assurant au gouvernement américain la possibilité de restreindre leurs activités pour répondre à des impératifs nationaux ou internationaux déterminés (B).

A L'accès au marché par les opérateurs privés

Dans la continuité de l'Article VI du Traité de l'espace de 1967 qui exige que les activités des entités non gouvernementales dans l'espace extra-

---

[22] L. PEYREFITTE, "Le régime juridique de la télédétection spatiale", *Revue française de droit aérien et spatial*, 1990-1991, p. 205.
[23] US Land Remote Sensing Policy Act of 1992, Public Law n° 102-555, *U.S.C.*, volume 15, p. 5601.
[24] US Commercial Space Act of 1998, Public Law n° 105 – 303, *U.S.C.*, volume 42, p. 14701.
[25] Memorandum of understanding concerning the licensing of private remote sensing satellite systems, 2 février 2000, *Federal Register*, volume 65, n° 147, lundi 31 juillet 2000, Rules and Regulations.
[26] La NOAA relève du département du Commerce.

atmosphérique fassent l'objet d'une autorisation et d'une surveillance continue de la part de l'Etat approprié partie au traité, les Etats-Unis ont instauré un système de licence. Notons qu'à côté de la licence requise pour le commencement des activités de télédétection, qui sera étudiée ici, les entreprises doivent également obtenir de la *Federal Communication Commission* une licence pour l'utilisation des fréquences nécessaires pour les liaisons avec le satellite et éventuellement du Secrétariat au Commerce des licences d'exportation. Le *Land Remote Policy Act* organise ainsi une procédure d'obtention d'une licence (1) dont l'utilisation est assortie d'une série d'obligations à la charge des entreprises investies dans les activités de télédétection (2).

1) La procédure d'obtention de la licence

L'obtention d'une licence est requise pour toute personne soumise à la juridiction ou au contrôle des Etats-Unis qui souhaite exploiter un système privé de télédétection directement ou à travers une de ses filiales[27]. Il appartient au Secrétaire du Commerce de délivrer les licences d'exploitation en consultation avec d'autres agences gouvernementales[28] et notamment le Département de la Défense, le Département d'Etat et le Département de l'Intérieur. Cette consultation interne à l'administration représente un premier obstacle pour les entreprises privées non seulement en raison des délais occasionnés[29], mais aussi dans de l'incertitude quant à l'avenir du projet qui être apprécié différemment par les diverses agences.

Le refus de licence peut être prononcé s'il est démontré que l'entreprise ne peut ou ne veut se conformer aux obligations relatives à l'exploitation de la licence ou encore si l'obtention de la licence est de nature à transgresser les obligations internationales ou la sécurité nationale des Etats-Unis[30]. Bien qu'il soit expressément indiqué que le Secrétaire ne peut rendre un avis négatif afin de protéger commercialement un opérateur déjà licencié, les motifs de refus sont suffisamment vagues pour être invoqués arbitrairement. Une quinzaine d'entreprises privées ont obtenu une licence auprès du Département du Commerce depuis 1992, date à laquelle, la première licence a été accordée à World View Inc.

2) Les conditions de l'utilisation de la licence

La première obligation des exploitants de systèmes privés de télédétection demeure la préservation de la sécurité nationale des Etats-Unis et le respect des engagements internationaux américains. C'est sur la base de cette préoccupation qu'une liste noire a été établie sur laquelle figure les Etats supposés hostiles aux intérêts vitaux des Etats-Unis avec lesquels le commerce des données de télédétection est prohibée. Il est revanche plus

---

[27] Section 5622 a.

[28] Section 5621 b.

[29] Le MOU inter-agences précise cependant que la procédure de consultation entre les agences ne doit pas excéder 120 jours.

[30] Section 5621 b).

délicat de faire le lien entre cette disposition et l'interdiction faite aux opérateurs privés américains de ne pas diffuser de données relatives au territoire d'Israël d'une résolution inférieure à deux mètres. Il est vrai que les Américains ont dû faire des concessions à l'Etat Hébreu depuis l'annonce de la privatisation du secteur de la télédétection. Israël a réussi à imposer ses impératifs de sécurité nationale. D'abord en 1995 les Etats-Unis ont accepté, non sans mal, de limiter la part active de l'Arabie saoudite dans le projet privé américain Eyeglass – aujourd'hui dénommé OrbImage. Riad perdait ainsi le contrôle du satellite depuis son territoire. Ensuite, en 1996, le Sénat américain a adopté un amendement interdisant la vente de données concernant Israël d'une résolution meilleure que celle présente sur le marché. En 1998, un accord fixa à 2 mètres la résolution maximale des données concernant Israël pouvant être diffusées.

La seconde obligation des exploitants concerne la diffusion des données puisqu'ils doivent rendre disponibles au gouvernement de tout Etat observé – y compris les Etats-Unis – les données non traitées dès que les données sont disponibles à des conditions raisonnables. Adoptée dans la continuité du Principe XII des Principes de 1986 relatifs à la télédétection sans pour autant reprendre la notion d'accès non-discriminatoire ni celle de coût raisonnable. La clause de non-discrimination n'est expressément indiquée que pour les systèmes gouvernementaux à l'image de Landsat. Il est cependant précisé que les opérateurs privés peuvent, sur demande du Secrétaire du Commerce, être mis à contribution pour la réalisation de l'obligation de non-discrimination incombant au gouvernement des Etats-Unis[31].

En cas de violation de la licence le Secrétaire du Commerce peut d'abord imposer des amandes pouvant atteindre 10 000 dollars américains par jour ou encore modifier, suspendre ou mettre fin à la licence, notamment si l'opérateur ne respecte pas les obligations internationales des Etats-Unis ou la sécurité nationale du pays.

B Les restrictions imposées aux entreprises privées en période de crise affectant la sécurité des Etats-Unis

Depuis la Guerre du Golfe, les Etats ont pris conscience de la valeur stratégique des données de télédétection. Les experts militaires ont ainsi expliqué que la victoire rapide de la force internationale sur les troupes iraquiennes était largement due la censure imposée à l'Irak sur les données concernant son territoire par les Etats observateurs qui disposaient de ce fait d'une information exclusive leur permettant de planifier leur intervention. Depuis, les gouvernements entendent dès lors organiser un contrôle strict sur la collecte et la diffusion des données notamment en temps de guerre ou de

---

[31] Sur l'application du principe de non-discrimination aux entreprises privées dans le droit américain voir : J. I. Gabrynowicz, "Defining availability for Commercial Remote Sensing Systems: Under United States Federal Law", Annales de Droit Aérien et Spatial, volume XXIII, 1998, pp. 99- 104.

crise internationale. Comme d'autres Etats, mes Etats-Unis ont développé une politique de restriction (1) dont la conformité avec le droit international reste à démontrer (2).

1) La nature des restrictions

Les Etats-Unis ont développé deux types de restriction à la diffusion des données de télédétection.

La première consiste à modifier la licence afin d'interdire la diffusion, voire la collecte de données concernant une zone déterminée. Cette politique qualifiée de *Shutter Control* est inscrite dans la Section 5657 du *Land Remote Sensing Policy Act* de 1992 et modifiée par la Section 201 du *Commercial Space Policy Act* de 1997. Elle permet au Département du Commerce de modifier les activités commerciales des opérateurs nationaux prévues dans la licence pour répondre à des impératifs de sécurité nationale ou pour remplir les obligations internationales des Etats-Unis. La suspension ne peut avoir lieu qu'après consultation du Département de la Défense et/ou du Département d'Etat. En cas de désaccord, le Secrétaire du Commerce en avisera l'assistant du Président pour les Affaires de Sécurité Nationale qui, en coordination avec l'assistant du Président pour la Science et la Technologie, tentera d'obtenir un consensus entre les Départements. En cas de désaccord, l'affaire sera soumise au Président. Toute mise en œuvre du *Shutter Control* entraîne une indemnisation de l'opérateur lésé. La conception sécuritaire américaine sur les activités privées de télédétection a conduit les Américains à exiger des Canadiens l'application du *Shutter Control* à RADARSAT-2, un système privé par opposition au système gouvernemental RADARSAT-1[32]. En attendant la mise en place d'un cadre réglementaire calqué sur le modèle américain, le Canada applique le *Shutter Control* au cas par cas[33]. Les négociations difficiles pour imposer le *Shutter Control* au Canada démontrent les limites de l'application extra-territoriale de politique américaine.

La seconde pratique plus récente, menée dans le cadre de la guerre d'Afghanistan, consiste à racheter les droits exclusifs de diffusion avec effet rétroactif afin d'organiser une censure globale sur les données et les informations concernant l'Afghanistan. Ainsi, deux jours après le début des hostilités, le Pentagone a acquis les droits de diffusion des images de l'Afghanistan prises par Ikonos, le plus performant des satellites civils. Le contrat, signé le 11 octobre, au lendemain des premières frappes, pour 1 912 500 dollars (plus de 2,1 millions d'euros), transforme ainsi le gouvernement en principal client de Space Imaging. Ces images, sans réel intérêt pour les

---

[32] Sur ce point voir : M. BOURDONNIÈRE, L. HAECK, P. NADEAU, "Radarsat-2 Regulatory Issues and International Law Perspectives on Commercial Remote Sensing and Military Operations", *IISL Colloquium*, 2001, pp. 258-264. Voir aussi : M. BOURDONNIERE, L. HAECK, "Space Imaging Data Policy: A Canadian Perspective", *Annales de Droit Aérien et Spatial*, volume XXIV, 1999, pp. 33-62.

[33] Agreement between the government of Canada and the government of United States of America concerning the operation of commercial remote sensing satellite systems, accord conclu le 16 juin 2000, *C.T.S*, 2000/14.

opérations militaires au sol, pourraient en revanche provoquer des réactions dans l'opinion américaines, si elles venaient à démontrer la destruction de bâtiments civils ou l'existence de victimes civiles dues aux frappes américaines. Il était donc préférable, aux yeux du Pentagone, de ne pas laisser de telles données aux mains de la presse. Vivement critiquée par les défenseurs de la liberté, cette mesure avait pourtant été adoptée car le gouvernement craignait que le *Shutter Control* ne puisse être déclaré incompatible avec le Premier Amendement de la Constitution américaine lequel " Le Congrès ne fera aucune loi qui […] qui restreigne la liberté de la parole ou de la presse […]".

2) La légalité internationale des restrictions

La conformité de ces pratiques avec du droit international se pose dans la mesure où elles semblent aller à l'encontre de nombreuses règles.

Les Etats-Unis peuvent invoquer pour soutenir leur politique de restrictions relatives à l'Etat d'Israël le Principe IV de la résolution sur la télédétection qui énonce que les activités ne doivent pas être menées d'une manière préjudiciable au droits et intérêts légitimes de l'Etat observé. D'une manière plus générale, ils peuvent également trouver une justification de leur politique sur la base du droit international économique puisque l'accord Wasseraar de 1996[34] amendé en 2001, relatif à l'exportation de bien et de technologies à double usage requiert de ses 33 Etats parties[35] qu'ils maintiennent un contrôle effectif d'images de télédétection[36]. Enfin, les Etats-Unis peuvent invoquer la clause de l'intérêt commun à leur avantage en soulignant que seules les activités qui ne portent pas atteinte aux intérêts des autres Etats bénéficient de la liberté de l'espace. Ils justifient ainsi, au regard du Traité de 1967, les restrictions liées à la sécurité nationale. D'ailleurs, dans la *Presidential Decision Directive* NSTC8 de septembre 1996 relative à la politique spatiale américaine, les Etats-Unis soulignent que des activités spatiales pacifiques, donc implicitement menées conformément au traité de l'espace, doivent être compatibles avec leurs objectifs de sécurité nationale.

Les Etats observés peuvent quant à eux, tenter d'invoquer la clause de l'intérêt commun inscrite à l'Article Ier du Traité de 1967. Par ailleurs, le principe XII des Principes sur la télédétection qui leur garantit un accès non-discriminatoire aux données concernant leur territoire. Enfin la liberté d'information peut trouver à s'appliquer et notamment l'article 19 du Pacte international sur les droits civils et politiques de 1966[37] et l'article 13 de la

---

[34] *RTNU*, volume 331, p. 217.

[35] Argentine, Australie, Autriche, Belgique, Bulgarie, Canada, Danemark, Etats-Unis, Espagne, Finlande, France, Allemagne, Grèce, Hongrie, Irlande, Italie, Japon, Luxembourg, Nouvelle Zélande, Norvège, Pays-Bas, Pologne, Portugal, République de Corée, République tchèque, Roumanie, Russie, Slovaquie, Suède, Suisse, Turquie, Ukraine, Royaume-Uni.

[36] Voir notamment la catégorie 6 de la liste des biens et des technologies à double usage.

[37] *RTNU*, volume 78, p. 277.

Convention inter-américaine sur les droits de l'homme de 1969[38]. Ces textes s'appliquent à toute information non privée indépendamment de son support, de sa forme, de sa nature et de son contenu. La liberté d'information implique la liberté de diffuser, la liberté de recevoir et la liberté de rechercher l'information sans considération de frontières. Cette liberté est donc particulièrement appropriée aux activités de télédétection puisqu'elle s'applique aussi bien aux activités de collecte qu'aux activités de diffusion indépendamment de la catégorie de satellite utilisée[39] ou de la nature des informations[40]. Précisions toutefois que la liberté d'information peut faire l'objet de restrictions notamment pour protéger l'ordre public. Ces limitations doivent alors être prévues par une loi et être proportionnées[41]. Pour éviter une utilisation du *Shutter Control* contraire à la liberté d'information, le MOU inter agences signé en 2000 précise que les restrictions devraient être limitées au maximum, dans l'espace et dans la durée, afin de répondre exactement aux impératifs liés à la sécurité nationale, la sécurité nationale ou la politique étrangère des Etats-Unis[42]. Le document indique par ailleurs que des solutions alternatives devraient être envisagées telles que la transmission ou la distribution retardée des données, la restriction de la zone de couverture active du satellite, le cryptage des données ou, si les données sont disponibles, d'autres moyens de contrôle de l'utilisation des données. C'est très certainement cette dernière solution qui a été utilisée dans le contexte de la guerre d'Afghanistan, lorsque le gouvernement a racheté en exclusivité les droits de diffusion des données concernant les zones de combat. Il n'est toutefois pas certain que cette mesure fondée sur un texte au contenu imprécis soit conforme avec la liberté d'information, du moins telle qu'elle est perçue en droit international.

L'équilibre dessiné par les Américains entre le marché et la sécurité semble non seulement contestable, mais incertain face à l'avènement de systèmes civils ou privés à très haute résolution. Il n'est pas évident que Etats-Unis puissent imposer leur vision unilatérale, même à leurs partenaires. Dès lors, c'est dans le cadre de la coopération internationale qu'il conviendra rechercher la solution à la globalisation du marché des données et la transparence devrait l'emporter sur la restriction.

---

[38] *Recueil des traités de l'OEA*, n° 36.

[39] Satellite optique ou satellite radar.

[40] Données brutes, données traités, informations analysées.

[41] Sur les relations entre la liberté d'information et les activités de télédetection voir : P. ACHILLEAS, "High-Resolution Remote Sensing Imagery and Human Rights", *IISL Colloquium*, 2001, pp. 235-238.

[42] Memorandum of understanding concerning the licensing of private remote sensing satellite systems, 2 février 2000, *Federal Register*, volume 65, n° 147, lundi 31 juillet 2000, Rules and Regulations, p. 46836.

CONCLUSIONS

LIBERALISATION DES ACTIVITES SPATIALES ET EVOLUTION DU DROIT DE L'ESPACE

par

Jean-Pierre QUENEUDEC

Professeur émérite de l'Université Paris I

Président de la Société française pour le droit international

Dégager quelques conclusions est toujours un exercice malaisé, surtout dans le cas présent. La difficulté tient ici d'abord à l'incompétence notoire de l'auteur des conclusions. Pourquoi, en effet, avoir fait appel, afin de conclure une journée d'étude sur la privatisation des activités spatiales, à un juriste qui ne passe pas particulièrement pour un spécialiste du droit de l'espace, même s'il a eu un jour l'audace, dans un article de revue, de se prendre pour un extra-terrestre?

La difficulté tient aussi, en l'occurrence, au halo d'incertitude qui entoure encore la définition du sujet sur lequel il faut conclure. On peut même se demander si le thème central de cette journée – la privatisation – ne représente pas, par certains côtés, une sorte d'OVNI, d'objet volant non identifié, dans la mesure où sa signification et sa portée ne sont pas toujours clairement établies.

Nous sommes ainsi conduits à méditer la parole de Confucius : « Si j'étais empereur, je commencerais par faire un dictionnaire, afin de rendre aux mots leur sens.» Ne jouons cependant pas aux empereurs et ne cherchons pas à faire un nouveau dictionnaire ! Posons-nous simplement la question de savoir si les dictionnaires existants peuvent nous aider dans la recherche d'une définition du mot 'privatisation'.

Référence a été faite au dictionnaire *Robert* par M. Phan Van Phi. Qu'il me soit permis de citer, en ce qui me concerne, le *Dictionnaire de droit international public* qui vient d'être publié sous la direction du professeur

Salmon. La privatisation y est définie comme une « opération consistant pour un Etat à céder en totalité ou en partie des entreprises publiques à des personnes privées ». Il y est toutefois précisé que cette opération n'est pas réglementée par le droit international mais que l'antonyme 'nationalisation' relève du droit international lorsque s'y trouve un élément d'extranéité.

Il est évident que ce dont nous avons débattu ne relève pas, à proprement parler, de la notion de 'privatisation' telle qu'elle est ainsi entendue. Il est, en effet, évident que la privatisation qui été envisagée ici n'est pas le fait d'un seul Etat ; elle s'apparenterait plutôt à ce que l'on pourrait appeler une « privatisation internationale », car il s'agit dans la plupart des cas d'une opération réalisée par plusieurs Etats. En outre, ce qui est surtout en cause, ce n'est pas tant la privatisation des activités spatiales que la privatisation des organismes et entreprises exerçant des activités spatiales, c'est-à-dire l'appel à des capitaux privés pour la conduite de ces activités. Ce qui a conduit le professeur Rapp à donner à l'expression le sens d'ouverture à la concurrence. On ne peut cependant, semble-t-il, se limiter à ce seul aspect.

Le mot 'privatisation', appliqué aux activités spatiales, recouvre en réalité plusieurs choses. Il désigne tout d'abord la privatisation, au sens strict, de diverses entités engagées dans des activités spatiales, c'est-à-dire le transfert de tout ou partie de ces entités du secteur public au secteur privé. Il signifie ensuite la soumission des activités spatiales aux lois du marché, c'est-à-dire la mise en concurrence des diverses entreprises exerçant de telles activités. Il indique enfin que certaines activités spatiales font l'objet d'une commercialisation par des groupements poursuivant des fins lucratives. Autrement dit, il s'agit d'un ensemble de phénomènes qu'il paraît sans doute préférable de désigner par le vocable 'libéralisation'.

Les présentes conclusions auront dès lors pour ambition de tenter de mesurer les risques ou les chances que présente pour le droit de l'espace la libéralisation des activités spatiales.

Il est assez généralement admis que cette libéralisation ne peut être totale, pour une raison fondamentale qui tient aux spécificités du droit de l'espace. Il apparaît donc indispensable de commencer par rappeler quelles sont ces spécificités (I). Celles-ci sont, en effet, de nature telle qu'elles apportent nécessairement des limites à la libéralisation des activités dans l'espace (II). Toutefois, même si elle rencontre certaines limites, cette libéralisation constitue un mouvement désormais irréversible prenant place dans le contexte général de ce qu'on a appelé la « mondialisation ». Ce qui ne va pas sans conséquences sur le contenu même du droit de l'espace qui subit, de ce fait, une évolution notable (III). Ce sont là les trois aspects qui seront successivement abordés.

I

Les spécificités du droit de l'espace sont bien connues. Elles sont de trois types qui tiennent à trois raisons fondamentales.

Il y a, en premier lieu, une spécificité du droit de l'espace à raison de ses sources historiques.

De ce point de vue, il est possible de dresser un parallèle entre le régime juridique de l'espace extra-atmosphérique et le régime défini pour l'Antarctique par le traité de Washington de 1959. Ce rapprochement peut être esquissé, non point parce que le vide inter-sidéral et le continent blanc sont des « mondes du froid », mais parce que les statuts respectifs dont ils sont dotés ont pour origine commune l'Année géophysique internationale de 1956-1957, au cours de laquelle avait notamment été programmé le lancement d'engins d'observation de la terre. Dans l'un et l'autre cas, les mêmes idées ont été à la base de la définition du régime juridique applicable, à savoir : l'utilisation à des fins pacifiques et l'exclusion de la course aux armements.

Après le lancement du premier Spoutnik le 4 octobre 1957, il est à noter que la première résolution relative à l'espace adoptée le 14 novembre 1957 par l'Assemblée générale des Nations Unies – résolution 1148 (XII) – prévoyait de poursuivre, dans le cadre des négociations du désarmement, l'étude du système d'inspection en vue d'assurer que l'envoi d'engins dans l'espace soit réservé à des fins purement pacifiques. Cette idée présidait encore à l'adoption de la résolution 1721 (XVI), du 20 décembre 1961, sur la coopération internationale touchant les utilisations pacifiques de l'espace extra-atmosphérique, où furent énoncés d'autres principes de base comme l'applicabilité du droit international à l'espace, la liberté d'exploration et la non-appropriation nationale de l'espace.

C'est sur cet arrière-plan que devaient intervenir ensuite la Déclaration de principes du 13 décembre 1963 et le Traité sur l'espace de 1967. De ce fait même, le droit de l'espace a été marqué, dès les origines, par la double préoccupation de l'affectation pacifique et de la libre utilisation à des fins scientifiques.

Le droit de l'espace présente une deuxième spécificité qui est liée à sa dimension nécessairement internationale, à raison du caractère intrinsèquement international de l'espace extra-atmosphérique lui-même. D'une part, il s'agit d'un espace d'où est complètement exclue toute revendication de souveraineté territoriale ou toute proclamation de juridiction nationale exclusive. En cela, le droit de l'espace se distingue fondamentalement du droit aérien et du droit de la mer, qui font tous deux la distinction entre zones nationales soumises à souveraineté et zones internationales relevant d'un régime de liberté. D'autre part, l'encadrement juridique des activités prenant place dans l'espace extra-atmosphérique est un encadrement juridique international constitué à la fois par des conventions et accords internationaux intervenus après le Traité de 1967 et par diverses organisations internationales créées à cet effet.

Sous ce deuxième aspect, il n'est pas sans intérêt de relever que le droit de l'espace présente des éléments de comparaison avec le droit des grands fonds marins. Dans les deux cas, en effet, les principes conventionnellement proclamés se doublent d'un régime juridique international détaillé, mis en œuvre à la fois par une organisation intergouvernementale agissant au nom et pour le compte de l'humanité et par un organisme international opérationnel travaillant en association avec des entreprises nationales publiques ou privées.

Il est enfin une troisième spécificité du droit de l'espace, qui résulte de ce qu'il s'agit d'un « droit des techniques de pointe », pour reprendre ici une formule chère au Doyen Colliard. La technologie spatiale est une technique de pointe comportant des caractéristiques tout à fait particulières ainsi que des risques eux-mêmes particuliers. Cette technique impose certaines caractéristiques au régime juridique. On assiste à la pesée directe du fait sur le droit, comme on le voit également dans le domaine du droit nucléaire, dont se rapproche aussi, au moins sous cet angle, le droit de l'espace.

En raison de cette triple spécificité des règles régissant l'espace extra-atmosphérique, les activités qui y sont menées ne sauraient être soumises à une libéralisation totale.

II

Les limites de la libéralisation des activités spatiales résultent de l'inévitable mainmise des gouvernements sur la plupart de ces activités, soit en raison de la nature ou de l'objet des activités elles-mêmes, soit en raison des finalités poursuivies par les États.

Les principales limites tiennent essentiellement à l'objet même de plusieurs activités menées dans l'espace, dont il est difficile de concevoir qu'elles puissent échapper aux États en tant qu'entités souveraines. Il en est évidemment ainsi pour les activités de nature militaire, comme le lancement et l'exploitation de satellites d'observation (satellites espions) ou de satellites de communication utilisés par les armées nationales. De même, bon nombre d'activités de recherche scientifique revêtent nécessairement le caractère d'activités publiques, parce que seuls les gouvernements peuvent avoir la volonté et les moyens de les entreprendre et de les développer.

Qui plus est, même dans les domaines où la commercialisation des activités spatiales semble possible et aisément réalisable parce qu'il s'agit d'activités rentables, il peut apparaître souhaitable de ne pas leur appliquer une libéralisation totale, dans la mesure notamment où certaines de ces activités présentent une valeur stratégique pour les États, qui hésitent dès lors à envisager une quelconque 'privatisation' dans ces domaines. Tel est en particulier le cas des activités de télédétection.

D'autres limites à la libéralisation des activités tiennent à la nécessité d'assurer la sauvegarde d'obligations de service public. Il en est ainsi non seulement parce que les gouvernements sont tenus d'observer et entendent faire respecter les principes de base qu'ils ont énoncés dans différents traités, mais aussi parce que leur rôle est indispensable pour assurer le développement de certaines règles, tant sur le plan international qu'au niveau national. Dans le cadre d'une libéralisation des activités spatiales, il n'est pas douteux que devra être maintenu et renforcé le contrôle par chaque Etat intéressé des activités spatiales nationales. Ce qui implique que soient édictées ou développées des législations internes appropriées. Pour reprendre l'exemple mentionné par le professeur Kerrest dans son rapport introductif, on peut penser notamment à la nécessaire adaptation du régime de responsabilité pour dommages résultant d'activités spatiales. En effet, l'actuel régime de responsabilité objective, illimitée et solidaire, qui pèse sur les Etats de lancement ou d'immatriculation des engins, devra sans doute se doubler de la mise sur pied d'un autre régime de responsabilité pesant plus particulièrement sur les exploitants.

Cette seconde catégorie de limites a été illustrée à la fois par M. Ferrazzani, pour ce qui concerne le programme européen de localisation et de navigation par satellites connu sous le nom de « projet Galileo », et par M. David Sagar, en ce qui concerne la privatisation des organisations internationales spatiales. A propos de ces dernières, il est clairement apparu que, si leurs activités opérationnelles pouvaient être soumises à la concurrence, il n'en allait évidemment pas de même s'agissant de leurs activités normatives. De surcroît, même dans le domaine opérationnel, des obligations de service public ou de service universel ont pour effet de limiter inévitablement la portée et les conséquences de la 'privatisation', comme on l'a vu, par exemple, en ce qui concerne Eutelsat depuis juillet 2001.

Les limites ainsi apportées à la libéralisation des activités spatiales trouvent d'ailleurs leur traduction dans les nouvelles structures mises en place, en ce sens que l'on s'oriente, semble-t-il, vers la création de sociétés mixtes ou d'entreprises conjointes (*joint ventures*), auxquelles pourraient éventuellement se joindre de nouveaux types d'établissements publics internationaux à caractère industriel et commercial. Il paraît à peu près inévitable que ceux-ci soient créés sur la base de traités internationaux, même si par leur forme et leur rattachement il s'agit de personnes de droit interne, comme c'est déjà le cas de certaines « sociétés internationales » rattachées à un ordre juridique national. Ainsi, pour ne citer que ce seul exemple, la Société internationale de la Moselle, créée par une convention de 1956, est-elle une société à responsabilité limitée (SARL) régie par le droit allemand (Gmbh).

Tout cela ne peut évidemment manquer d'exercer une profonde influence sur la substance du corpus de règles formant le droit de l'espace.

III

L'évolution du droit de l'espace, à laquelle conduit la libéralisation croissante des activités spatiales, représente en réalité une véritable mutation de cette branche particulière du droit.

Jusqu'à présent, les règles du droit de l'espace ont eu, peut-on dire, pour finalité essentielle de favoriser les activités de recherche scientifique. Or ces règles se révèlent totalement inadaptées lorsque, dans le domaine des activités spatiales, apparaissent des systèmes opérationnels à but lucratif. Il devient alors indispensable de créer, à côté des règles générales formant le statut international de l'espace, des règles juridiques particulières aux activités spatiales à caractère commercial.

On peut donc penser voir ainsi se réaliser progressivement une sorte de dédoublement du droit applicable dans l'espace avec, d'un côté, le droit de l'espace et, de l'autre, le droit spatial.

Le droit de l'espace, ou « droit cosmique » selon l'expression utilisée par Manfred Lachs en 1962, sera alors conçu comme étant le droit applicable à l'espace atmosphérique en tant que tel et en fixant le statut, et se limitant à définir les principes fondamentaux des utilisations de l'espace. Autant dire qu'il ne peut s'agir que d'un ensemble de règles et de principes relevant du droit international public.

Quant au droit spatial, il serait entendu dans un sens spécifique et concernerait les relations privées ayant l'espace pour objet ou pour cadre, qu'elles soient régies par un droit interne ou par le droit international. De façon générale, l'expression désignerait l'ensemble des règles formant le régime juridique détaillé des activités spatiales. Ce pourrait être un droit du transport spatial, voire un droit du tourisme spatial, comme l'a suggéré M. Farand en évoquant les perspectives d'utilisation de la station spatiale internationale. Il est certain que le droit spatial ainsi entendu relèverait davantage du droit privé, qu'il soit national ou international.

En esquissant ainsi l'évolution qui se dessine, on ne peut manquer de dresser encore une fois un parallèle. Il s'agit de la comparaison qui semble s'imposer avec le droit applicable aux espaces et aux activités maritimes, où l'on rencontre un dédoublement du même type que celui que nous venons d'évoquer à propos du droit de l'espace. D'un côté, le droit de la mer détermine le statut et les limites de différents espaces maritimes ; applicable aux rapports entre Etats, il relève du droit public international. D'un autre côté, le droit maritime régit l'ensemble des activités de transport par voie de mer et ressortit essentiellement au droit commercial. En somme, « *nihil nove sub sole* »…

L'organisateur de cette journée d'étude pressentait vraisemblablement qu'il faudrait conclure sur ce dédoublement en marche et faire un rapprochement entre l'espace et la mer. Peut-être est-ce la raison qui l'a amené à solliciter un « maritimiste » pour clore ainsi nos débats sur le droit de l'espace.

TABLE DES MATIERES

Avant propos 1

D'un droit inter-étatique issu de la guerre froide à l'encadrement des activités privées
par **Armel KERREST** 3

L'ouverture à la concurrence du marché français des activités spatiales, L'expérience des télécommunications spatiales
par **Lucien RAPP** 17

La privatisation des activités spatiales, le point de vue des lanceurs
par **Raymond PHAN VAN PHI** 39

Privatisation of the Intergovernmental Satellite Organizations
par **David SAGAR** 43

La privatisation de l'activité spatiale: le cas de la Station spatiale internationale
par **André FARAND** 63

Le projet européen Galileo, entreprise commerciale ou service public international
par **Marco FERRAZZANI** 71

La libéralisation des activités de télédétection
par **Philippe ACHILLEAS** 77

Conclusions :
Libéralisation des activités spatiales et évolution du droit de l'espace
par **Jean-Pierre QUENEUDEC** 91

CET OUVRAGE
A ÉTÉ ACHEVÉ D'IMPRIMER
PAR L'IMPRIMERIE FLOCH
À MAYENNE EN MAI 2003

N° d'imprimeur : 57040.
D. L. : mai 2003.
(Imprimé en France)